U0067140

家暴自療 30

偉偉 的 黑色日記

黎詩彥◎著

三色堇－Pansy 系列

家暴自療 30－偉偉的黑色日記

作　　者：黎詩彥
出 版 者：葉子出版股份有限公司
發 行 人：宋宏智
主　　編：范維君
行銷企劃：汪君瑜
執行編輯：洪崇耀
印　　務：許鈞棋
專案業務：潘德育
地　　址：台北市新生南路三段 88 號 7 樓之 3
電　　話：（02）2366-0309　　　　　傳真：（02）2366-0310
讀者服務信箱：service@ycrc.com.tw
網　　址：www.ycrc.com.tw
郵撥帳號：19735365　　　　　　戶名：葉忠賢
印刷：鼎易印刷事業事業股份有限公司
法律顧問：煦日南風律師事務所
初版一刷：2005 年 5 月　　　　　新台幣：180 元
ISBN 986-7609-66-2(平裝)

國家圖書館出版品預行編目資料

家暴自療 30：偉偉的黑色日記 / 黎詩彥作. --

初版. -- 臺北市 : 葉子, 2005[民 94]

面 ；　公分. -- (三色堇)

ISBN 986-7609-66-2(平裝)

1. 家庭暴力 2. 婚姻暴力

544.18　　　　　　　　　94006163

總 經 銷：揚智文化事業股份有限公司
地　　址：台北市新生南路三段 88 號 5 樓之 6
電　　話：(02)2366-0309
傳　　真：(02)2366-0310
※本書如有缺頁、破損、裝訂錯誤，請寄回更換

我叫馬俊偉，大家都叫我偉偉。在我五歲那年的某一個晚上，我很不幸地被我爸爸活活打死。

那是個意外嗎？

或許在我們的心裡，都早已預料到那一天的到來，只是我們從來也不敢相信，它竟然就真的這麼發生了。

除了我、我媽媽和那個人以外，沒有其他人知道我死掉這件事。

他們告訴幼稚園老師，我轉學了。

這種事在幼稚園裡常常發生，每個學期開始，不是有新的小朋友轉進來，就是有舊的小朋友轉去附近其他幼稚園。沒有人會問為什麼，也沒有人會懷疑，我到底是真的轉走了，還是永遠消失在這個世界上。

少了一個麻煩鬼，園長和幼稚園老師都不約而同的鬆了一口氣，誰叫我從來不聽他們的話，像其他小朋友一樣乖乖地把點心吃掉呢？我總是喜歡把剩下來

的餅乾搗成屑屑，然後倒在離我最近的女生頭上。之後幼稚園老師就會過來和我說話，那個滿頭餅乾屑的女生也會因為我而大哭。

我在幼稚園裡沒有交到半個朋友，因為沒有人願意跟我做朋友。他們覺得我是個怪人，老是在夏天的時候穿長袖衣服，上課從來不回答老師問題，連上所有小朋友最愛的唱遊課時，我也總是窩在角落。

曾經有個新來的同學主動要跟我做朋友，他借我一台黃色的模型汽車回家去玩，只是我拿回家以後，就再也沒有帶到學校去了。

那台模型汽車現在放在我的床邊，我已經夢想擁有這樣一台模型車很久很久了。整個回家的路上，我都一直小心翼翼的把它捧在手上，眼睛沒有一刻離開過它。

只是當天晚上，那個人喝醉酒回家以後摸黑進房，看都沒看就一腳把它踩爛了。

被壓碎在地上的不只是玩具車，媽媽和我也被打得遍體鱗傷。我們從來不知道自己挨打的理由，只知

道不出聲、不頂嘴、不喊痛，風暴會比較容易平息。

「他不是故意的，他只是想發洩。」媽媽總是這麼說。

「什麼叫『發洩』？」當時我的年紀還很小。

「就是出氣的意思。」

出什麼氣？我們惹他生氣了嗎？

關於模型汽車的事，我一直不敢告訴媽媽，這已經不是第一次了，我的課本、勞作……都曾經被那個人毀掉過，為什麼我就是學不會教訓呢？

從那時候開始，幼稚園裡肯跟我講話的同學更少了。因為我不只是個怪人，還是個借了玩具不還的怪人。

但是我不在乎，反正我也不需要朋友。那群笨蛋！只要在玩鬧的時候不要碰撞到我的傷口，不要拉扯到我的衣服，我就已經很慶幸了。誰希罕跟他們玩在一起啊！我只要有媽媽就夠了。

我的媽媽，是我在人世間唯一的眷戀。至少，我是這麼告訴自己的。

5

家暴自療30
——偉偉的黑色日記

　　我從來搞不懂那個人為什麼喜歡打人，會有人以別人的痛苦為樂的嗎？尤其當這個「別人」不是「別人」，而是他的家人。我們應該是最親近的人，但是為什麼他卻要如此傷害我們呢？

　　媽媽說，他以前不是這個樣子的，是從他丟了工作以後，他才每天喝酒，喝完酒以後就打人洩憤。

　　他對生活有太多的不滿，必須藉由責怪別人，才能原諒自己，而妻子和孩子正是替他背黑鍋的最佳人選。

　　清醒的時候，他會哭著向媽媽懺悔，寫下一張又一張的悔過書、切結書，但這有什麼用？薄薄的一張紙擋不住他來勢洶洶的拳頭，信誓旦旦的盟約也不能阻止他下一次喝酒、下一次打人。

　　暴力就像吸毒，一旦上癮就很難戒除。

　　如果打人可以幫助他找到工作，我願意天天被他打。但事實顯然不是如此，爸爸的暴力行為只是連累媽媽也跟著丟了工作。

　　而我則因此丟了性命。

我喪命的那天晚上，那個人一如往常，喝到醉醺醺的才回家。他步履蹣跚，一沒注意就被家門口的盆栽絆倒，我在房間裡聽到怒氣沖沖的髒話傳來，知道又將會有一頓好打。

過去的經驗讓我學乖，我趕緊閉上眼睛裝睡，但不知道是不是因為兩隻眼睛閉得太緊了，居然被他一眼識破。

這下子，他更加怒火中燒，一隻手就把我從床舖上拎起來，責問我家門口的盆栽是不是媽媽故意放的，媽媽是不是存心想要看他笑話，想要害死他？

你看看，這種想法有多麼可笑，但是當時的我們可是一點都笑不出來。欲加之罪，何患無詞，我們知道他不過是想找個理由揍人罷了，但是我實在不甘心一點反抗都沒有就無緣無故挨打。

雖然明知道下場會如何，我還是努力想要伸張正義。

「那棵樹早就在那裡擺了好久了，我和媽媽睡得好

好的，才不會有人想要害你！」我大聲回答。我是男孩子，保護媽媽是我的責任。

「啪」的一聲，一個熾熱的巴掌打在我的右頰上。

「說謊！這麼小就會說謊！根本不把你老子放在眼裡！」那個我應該稱呼他為「爸爸」的人說著說著，又毫不留情的打了我一巴掌。

兩個鮮紅的五指印頓時烙在我的臉頰上，然而他並不因此而罷休。

睡眼惺忪的媽媽趕忙飛奔到我的面前，但已經來不及了，我整個人被摔到梳妝台旁邊的牆角上。

「我又沒有做錯事！你為什麼要打我！」

不，其實我做錯了。

我犯下最大的錯誤，就是我居然還想跟一個醉鬼講道理。

「求求你……不要再打了……」媽媽淚如雨下，「要打你就打我……不要打我兒子……」

那個人當然沒有放過媽媽，他拉著她的頭髮去撞地板，而瘦弱的媽媽只能任憑他擺佈，一點反抗的餘

地都沒有。

媽媽試圖要站起來，還沒站穩身子，就被一張單人沙發椅擊中背部，只見她再度倒地，兩條腿重重的被壓在沙發下面，完全動彈不得。

我好痛，全身上下到處都痛，但是一看到他用沙發椅往媽媽身上砸的畫面，我不知道從哪裡來的勇氣，手扶著地板硬撐著站了起來。

我以一個五歲小男孩的力量，使出全身的力氣朝他肚子用力揮了一拳。

結果，我整個人被更大的力量摔回牆上。

我的後腦不偏不倚的擊中牆壁，發出好大的聲響。只是那個時候，我已經聽不清楚了。

有人不停的往我身上敲打……是那個人，他的眼神好兇狠，可想而知下手一定很重……但是為什麼……我卻一點感覺也沒有呢……

媽媽瑟縮在一旁，努力想把壓在身上的沙發椅移開，她把整隻手放進嘴裡用力咬緊，不敢哭出一點聲音來。她根據以往的經驗，知道自己必須裝出若無其

事的樣子，那個人才不致於變本加厲。

　　媽媽的手在流血，我想爬過去，我想爬到媽媽身邊，只是我的腳好重、好重……

　　「不要再打了……不要再打了……」媽媽終於忍不住喊了出來，「救命啊……誰來救救我孩子啊……」

　　真的會有人來救我們嗎？

　　我們曾經試過報警，但是警察來到門口，一聽說是「夫妻吵架、家務事」就回去了，沒有人願意淌這攤渾水，除了菩薩之外，我們也不知道該向什麼人求助。

　　那個人被媽媽淒厲的叫聲嚇到，倏然收回了拳頭，怏怏的站在一旁，臉上是一片酒醉之後的迷惘。

　　房子在旋轉，燈光越來越昏暗，我努力撐起眼皮，看見那台黃色的模型汽車，那正是我夢寐以求的款式和造型。

　　我小心謹慎的把它捧在手心，雀躍的心情全都寫在臉上，幼稚園和家裡距離不到三分鐘的路程，我頂著大太陽一跳一跳的走在路上……我得趕快回家，趕快回家，媽媽在家裡等我，她要是知道我交了新朋

友，一定會很高興。

不行，我不能倒在這裡，我得趕快回家才行……

媽媽費了好大的勁兒，終於擺脫了身上的沙發椅，她不顧赤紅疼痛的雙腳，立刻衝上前來到我身邊。

我用力撐起一隻手臂，把手伸上前去，想要擦掉媽媽臉上的眼淚。

然而，我卻什麼也碰觸不到。

我的手指直接穿過了媽媽的臉。

我轉身，看見我的身體平躺在地上，我的身上多了好幾處傷口，紅色的血液像一座噴泉不斷地從嘴裡湧出來。四周安靜了下來。

那個人默默的走出了房間，我不確定他到底知不知道自己幹了些什麼。

我聽見媽媽在哭，她抱住我的身體，顫抖的緊緊把我摟在懷裡。

只是一切都太遲了……媽媽抱住的已經是我的屍體。

11

家暴自療30
——偉偉的黑色日記

我在很小的時候，就已經聽過「天堂」這個名詞。

我三歲那年，爺爺過世了，媽媽說他上了天堂。

人們總以為人死後去的地方就叫做「天堂」，這個世界上真的有天堂嗎？我不知道。

我身處的這個世界依然是我原本的世界，我仍然看得見我的媽媽、我的床、我的模型汽車，只不過我碰觸不到他們，他們也感應不到我而已。

我死了短短幾個小時之後，我就立刻發現了一個事實：原來人一旦離開了身體，就沒有辦法再站立在地板上了。

少了沉重軀殼的枷鎖，我的筋骨比活著的時候更加靈活，但無論我怎麼努力往下沉，我的兩隻腳離地板總是維持著零點零五公分的距離。

一開始我覺得很有趣，人類不是一直都夢想著要像小鳥一樣在空中飛嗎？現在我終於體驗到這是什麼

滋味了，只是新鮮感一過，沒多久，我就開始感到一絲悲哀，因爲這個新發現提醒了我：我所熟悉的世界已經沒有我的立足之地。

靈魂與軀殼的差別，是一個用飄的，一個用走的、跑的、跳的。

我很快便適應了這種新的移動方式，一直都在家裡附近飄蕩著。

天氣好的時候，我會飄去遠一點的地方探險，但是我不會忘記在天黑以前趕回家。

因爲我實在沒有辦法不想媽媽。

在我死後的這段日子，我遇過不少和我差不多年紀的靈魂。奇怪的是，他們幾乎都在死後的七到八天之後，就緩緩的朝天上飛去，慢慢消失在雲層背後，而我卻始終停留在人間。

那些靈魂是去哪裡了呢？爲什麼我的身體一直都這麼沉重，完全沒有要往上飄的跡象？我的心情就像

家暴自療30
——偉偉的黑色日記

是幼稚園放學的時候，眼看其他小朋友都一個一個被家長接回家了，媽媽卻遲遲還沒有到，剩下來的人越來越少，我好怕到頭來只剩下我一個。

不同的是，當時的我相信媽媽一定會到，現在的我卻對未來完全沒有把握，只能心急如焚的等待。雖然我不確定我等待的到底是什麼。

後來幾天，我發現我的周圍時常出現一個熟悉的面孔，是個看起來像國中生的男孩。他和我一樣，已經死了好一陣子了，靈魂仍然在人世間遊盪，找不到一個該去的方向。

同病相憐，也許是交朋友最好的理由。

直到很多年以後我才知道，我們的相遇不是偶然，而是上面那一雙大手巧妙的安排。

我和那名男孩是在家裡附近的公園相遇的，當時，我們的四周有許多年紀比較小的靈魂正在繞著圈子玩，只有我們兩個百無聊賴的坐在鞦韆上。那些小

14

朋友的笑聲聽起來太快樂了，我們一點都不想加入他們。

「你知道那些飛向天空的靈魂最後都到哪兒去了嗎？」我問。

「不知道，」他的聲音是發育成熟的男人變聲以後的重低音。「也許我們永遠都不會知道。」

「你是怎麼死的？」

不要覺得突兀，這是我們靈魂與靈魂之間很普通的打招呼方式。

「我被壞人綁架，丟進海裡淹死的。你呢？」

「我是被我爸爸打死的。」

「如果不是我被人綁架，我想我爸爸也會打死我的。我在學校裡考試從來沒有及格過。」

我笑了。

我告訴他我叫做偉偉，他告訴我他叫做阿杰。

杰哥哥是我有生以來，不，是我活著及死後所交的第一個朋友。他答應我要教我讀書、識字、用竹葉

家暴自療30
　　——偉偉的黑色日記

編織蚱蜢還有單手灌籃。

　　他說，我們雖然死了，但還是要努力過得像活著的時候一樣精采。

　　當時我們並不知道，我和杰哥哥的靈魂之所以一直無法升到天空，是因為我們都心有未甘的緣故。

　　遺恨是壓在我們肩上的沉重包袱，而那絕不是任何引渡可以解決的。

我死後的第二天早上，那個親手打死自己孩子的人終於酒醒了。

他驚覺自己犯了什麼錯誤之後，雙膝著地，整個人匍匐在地上求媽媽的原諒。

一夜之間，媽媽看起來像老了十歲，她始終一言不發，雙眼無神的瞪著窗外，沒有掉一滴眼淚。我看得出來，媽媽把所有的痛苦全都隱埋在內心深處。

她好恨，為什麼她嫁的是這種禽獸不如的男人；她也很自責，為什麼自己沒有能力保護好唯一的孩子。她知道如果她當時上前救我，連她自己也會被那個人打死，她只是埋怨自己為什麼沒有勇氣在那一天以前，就帶著我逃離這個家、這座監牢。窮死、餓死、凍死，都比現在這樣活活被打死好。

其實我知道，媽媽之所以遲遲不離開家，是因為她不希望讓我成為沒有爸爸的孩子。

她總以為他終有一天會改變……

我的媽媽，真的是太傻了。

家暴自療30
——偉偉的黑色日記

如果我是媽媽，這個時候我一定會想盡辦法報警，讓警察將壞人繩之以法，自己也得以解脫。但是我不是媽媽，我只顧咬著牙責怪那個沒有人性的爸爸，完全沒有注意到當時媽媽臉上那抹哀傷欲絕的神情。

我記得我曾經在校外教學時看過路邊的兩隻狗，大的那隻是媽媽，小的那隻是大狗的小孩，牠們一起過馬路，狗媽媽走得很快，沒兩下就已經走到馬路對岸去了，小狗落在後頭，只差幾步就能安全上岸。就在這個時候，一台車突然高速衝過斑馬線，小狗的反應不夠敏捷，當場慘死在輪下。

那時，母狗的臉上浮現的也是同樣的神情。它依依不捨的望著死去的孩子，然後一轉身，便撞牆自盡了。

幼稚園老師帶領著全班小朋友把兩隻狗的屍體埋在一起。我覺得小狗很可憐，還特地折了一隻紙鶴放在他們的墳前，但是現在的我，卻有多麼羨慕他們。將來的某一天，我也能和媽媽埋在一起，永遠不分開

嗎？

死亡也許真的是一種解脫。

失去了寶貝兒子，媽媽心裡已經沒有公理、沒有正義，什麼都沒有了。她都已經不知道該怎麼活下去了，哪裡還有心思去考慮其他的事情？

這個時候，她的丈夫說了些什麼，做了些什麼，她也一點都不在乎。

她一心只想著，要怎麼樣才能來陪伴她最心愛的偉偉。

媽媽想和我埋在一起，這麼多年來，我一直是她生存下去唯一的理由。

只是那個人的動作更快。

毀屍滅跡這檔事，只有不是普通殘忍的人才能幹得好。我的爸爸對這方面簡直無師自通，非常具有天份。

他把我的屍體放進一個黑布袋裡，加入很多石塊，讓整個袋子變得又沉又重。接著，他把黑布袋放進當初買電視機時留下的大紙箱裡。

19

家暴自療30
——偉偉的黑色日記

　　他很聰明，這樣的外包裝任誰看了，都會以為他只是在搬一台四十二吋電視機而已，沒有人會想到，箱子裡面裝的是一具一百零五公分高，二十二公斤重的屍體。

　　他膽大包天，就這樣光明正大的用推車把箱子推出公寓門外，放入他那台破舊的老爺車後座。在門口遇到隔壁的王媽媽買菜回來時，他居然還可以輕鬆的微笑點頭致意。

　　我在他旁邊看他表演，驚訝得下巴都快要掉下來了。

　　他開著車子上高速公路，來到基隆的一座海邊。大約二十分鐘以後，我的屍首已經伴隨幾十斤重的石頭永遠沉入深深海底。

　　我，偉偉，一個五歲的小男孩，就這麼從人間蒸發了。

　　唯一記得我的只有我摯愛的母親，但是她卻承受不了愛子驟逝的悲慟，衝動的選擇仰藥自殺。

媽媽嫁給爸爸的時候只有十八歲。

從小，她就是人家的養女，一直寄人籬下，有一個嗜賭成性的掛名父親和一個無惡不作的流氓哥哥。國中畢業以後，媽媽就沒有再繼續唸書了，照顧一家大小的飲食起居是她的責任。那不是家，那只是一個供她落腳的地方。她也不是女兒，她只是一個成天被人呼來喚去的傭人。

十八歲的媽媽是村子裡出名的大美人。一天夜裡，她哥哥藉著酒膽闖進了她的房間，幸好媽媽機警，一把抓起床邊裁縫用的剪刀往來人身上戳去，才僥倖逃過一劫。

她知道這個家她是再也待不下去了，正好有媒婆來提親，媽媽就順理成章的嫁給了第一個向她求婚的男人。

當時的她萬萬沒有想到，自己只不過是從一座監牢跳到另一座監牢而已。

這些往事，孩提時代時媽媽依稀在我搖籃邊講過。當時的我還太小，只覺得媽媽的聲音很溫柔，根本不能理解話語中的含意。

死亡有一個好處，就是讓人變得出乎意料之外的聰明。所有生前發生過的事都會如電影畫面般，一格一格在你眼前閃過。你可以選擇倒退或快轉，也可以定格下來看個清楚。我仔細聽著媽媽從前對我說過的每一字每一句，不知不覺濕了眼眶。

結婚沒多久，媽媽就聽說她的養父因為躲債而搬家，父女倆從此斷了音訊，媽媽也認命地視夫家為她唯一的家。

她以為冬天過了，春天就要來了，想不到春天也和世間所有歡樂一樣的短暫。

我的爸爸是個獨子，爺爺五十多歲才好不容易生下他，因此從小到大都對寶貝兒子寵愛有加。

爸爸在家裡一向是茶來伸手、飯來張口，從來不知道「辛苦」為何物。小的時候賴床不起床，阿嬤會

親自拿著牙刷到床上替他刷牙，長大以後，想做什麼，不想做什麼，他們對兒子也總是有求必應。爸爸的人生一向過得太隨心所欲。

當一個人以為地球是繞著他轉的時候，他自然再也看不見別人。面對人生的逆旅，他比任何人都來得軟弱。

新婚甜蜜的日子並沒有維持多久，結婚三個月以後，爺爺突然生了重病，住醫院的時間比住家裡還多。原本擔任砂石車司機的爸爸也在這個時候丟了工作，家裡頓時陷入一片愁雲慘霧。

當時還健壯的阿嬤一口咬定是媳婦帶來的霉運，原本爸爸還會站出來幫媽媽說幾句好話，但是隨著求職四面碰壁，爺爺的病又不見起色，爸爸也漸漸將媽媽視為掃帚星，有事沒事動不動就對她大呼小叫。

媽媽知道自己沒有娘家可回，又沒有其他地方可去，只好咬著牙把這一切委屈都忍了下來。

她是多麼渴望擁有一個自己的家，現在好不容易

有了，她說什麼也不能輕易放棄。

堅強的媽媽在家裡附近的自助餐店找了一份工作，幫忙洗菜、洗碗兼做一些雜務，用微薄的薪水袋交換阿嬤片刻的諒解。

媽媽的手被冷冽的肥皂水磨粗了，肩膀也因為長期扛重物而發炎，但每當回憶起這段日子，媽媽的臉上總是帶著笑意，她說，這是她這輩子過過最幸福的日子。

如果這樣的日子可以一直持續下去，也許我們三個人都不會走到這一天。

人的性格往往決定了他的命運，如果你認識我爸爸，你會不難了解他為什麼總是一身苦難。

那一天風和日麗，天氣很好，爸爸心血來潮主動提議要送媽媽去自助餐店上班。

挽著先生的手，兩小無猜的走在馬路上，媽媽笑得好不開心，一點也沒有預知到風暴即將來襲。

　　快到自助餐店的時候，媽媽隨意提起了前幾天同事告訴她的黃色笑話，她原本是想要逗爸爸開心，豈知爸爸聽了以後臉色一沉，翻臉比翻書還快。

　　「我要問問他們，憑什麼在我老婆面前說這種話！」

　　不顧媽媽的勸阻，爸爸撇開媽媽的手，一個人怒氣沖沖的跑到自助餐店，找到那個說笑話的大嬸，劈頭就打了人家兩個耳光，大嬸莫名奇妙的挨打，一時之間還來不及反應，爸爸利用這個空檔闖進廚房大聲吆喝，說是要叫餐廳的負責人出來，看看這筆帳到底是要怎麼算。

　　一分鐘之後，媽媽氣喘吁吁的趕到自助餐店，那位大嬸一看到媽媽，立刻揚起手來回敬她兩巴掌。她認為媽媽一定是在家裡胡說八道了些什麼，才會令丈夫這麼不分青紅皂白的上門來找碴。

　　就在這時候，餐廳老闆出來了。他是一位中年男人，擁有一顆發光的腦袋還有一圈微凸的肚腩，個子不高，卻有一股與生俱來的老闆架勢，所有人一見到

家暴自療30
——偉偉的黑色日記

他走過來,都不約而同的安靜下來,連帶頭鬧事的爸爸也不例外。

餐廳老闆質問媽媽究竟對她丈夫說了些什麼才會把事情鬧得這麼大,媽媽哽咽著把事發經過原原本本的說給大家聽,所有人聽完以後都愣在那兒說不出話,他們和我一樣不敢相信這世界上怎麼會有這種事情。

雖然紅著眼睛,媽媽還是看見了爸爸嘴角的笑意。他認為他成功了,他要向媽媽宣示,即使出外賺錢的是她,他還是握有家中至高無上的主導權。

他以為這樣就可以把對方牢牢的繫在身邊,沒想到卻只是把對方的心推得更遠。

那是媽媽第一次興起想離婚的念頭。

我問過杰哥哥，「你爸爸會打你媽媽嗎？」

「會啊。」杰哥哥吐了吐舌頭，「那是因為我媽媽太囉唆了，只要看到不順眼的事情就一定會唸個老半天才高興，我老爸脾氣本來就不好，跟我媽用說的沒有用，只好動手啦！」

我不懂，杰哥哥的媽媽是因為太吵才會被打，但是我媽媽一向很安靜，為什麼她也會被打呢？

自從「兩巴掌」事件以後，餐廳老闆雖然寬宏大量的留媽媽下來繼續工作，但是沒有一個同事敢跟她說話了。

每一次他們圍在一起興致高昂的談論事情時，一見到媽媽走過來，周圍就突然變得鴉雀無聲，大夥兒一哄而散。

媽媽的心裡其實很受傷，但是她知道，這不是任何人的錯。

家暴自療30
——偉偉的黑色日記

　　爲了維持表面的平靜，她只有假裝什麼都不知道，默默的、孤獨的拼命做她的工作。

　　爸爸像顆不定時炸彈壓在媽媽的心頭上，她好怕好怕，怕丈夫會在上班時間突然出現在門口，也怕回家以後要面對病重的公公和滿懷敵意的婆婆。

　　沉重的壓力使媽媽在工作的時候經常心不在焉，打破碗和加錯料的機率也越來越頻繁。

　　媽媽整天活在恐懼當中，她好怕自己無意中做錯了什麼。但人就是這樣，你越是緊張，就越容易犯錯。

　　終於有一天，媽媽不小心摔破了這一個全家人都賴以維生的飯碗。

　　那條路好長，每次頂著烈日走在這條路上，媽媽都會希望路程可以縮短一點，她可以快點上班不要遲到。

　　然而現在，她卻覺得這條路太短，她都已經儘量放慢速度了，怎麼還是這麼快就走到家門口了呢？

　　躊躇的走進了家門，媽媽支支吾吾的把丟掉工作的事情告訴了丈夫。

　　那個人聽了，臉上的青筋浮起，順手就拿起擺在牆角的拖把往媽媽身上砸，媽媽的左手臂頓時瘀紫了一大片。

　　以後只要遇到不順心的事，他就會訴諸武力；只有武力，才能彰顯他存在的價值。

　　媽媽總算發現自己嫁的是一個多麼可怕的男人。

　　滿腹委屈使她忍不住哭了起來，那個人卻一副事不關己的樣子，氣急敗壞的對著太太大吼：「哭什麼哭？我就是這樣被妳是哭衰的！」

　　我回顧著這個畫面，真想用杰哥哥送我的籃球往他的腦門狠狠砸下去。

　　幸好阿嬤去醫院探望爺爺不在家，不然媽媽聽到的惡毒的話恐怕還不只這些。

　　這些都還只是序幕而已，噩夢一旦開始，就永無

止盡。

　　我記得我第一天上幼稚園的時候，站在教室門口抓著媽媽的手遲遲不敢進去。僵持了很久，媽媽只好答應我會一直在教室外面陪我，一步也不離開我。

　　但是媽媽食言了，她去了廁所。

　　我下課走出教室時，四處找不到媽媽的蹤影，嚇得當場放聲大哭。

　　媽媽從洗手間出來見到我這幅模樣，溫柔地摸著我的頭，對我說：「孩子，不要哭。如果有一天你發現媽媽不見了，不要覺得害怕。媽媽其實一直都在你身邊保護你，只是你看不見而已。」

　　當時的我聽得似懂非懂，一點也聽不出來話語裡頭隱含的暗示。媽媽回來了，我就開心了，爲什麼還要語重心長的對我說這麼一大段話呢？

　　直到現在回想起來，我才恍然大悟，原來媽媽想要逃離這座牢籠的決心是那麼強烈，她甚至想過要放棄一切、放棄我。

　　如果我再長大一點就好了，我可以保護媽媽，也

可以跟隨媽媽去浪跡天涯。

　　如果我沒有來到這個世界就好了，我不會成為媽媽的負累，也不會帶給她這麼多的傷痛。

　　媽媽一心想要逃離這個家，其實我又何嘗不想逃？打從出生以後，我就不斷的想逃，只是我沒有想過，我最後竟是用這種方式離開的。

　　雖然我在人間的日子只有短短幾年，但我已經充分體會到身為女人與小孩的悲哀。

　　俗語說「事不過三」，偶爾一次動粗也許是意外，但是經年累月的暴力行為就是一種習慣，再怎麼不好的女人也不應該承受如此對待。那根本不是人過的日子，我真希望媽媽及早覺悟，就算不負責任的一走了之都比留在地獄受苦受難好。

　　只是，女人似乎比小孩還要有更多的無奈。

　　丟了工作以後，媽媽的健康每況愈下，「離婚」的念頭不知從那兒冒出來，像隻小小的蟲子不停的啃

嚙她的心，弄得她更加心煩意亂。

　　不知道是不是因為拖把猛烈的撞擊力打得她頭昏眼花，之後好長一段日子，媽媽不僅半邊手臂麻痺，還成天噁心想吐。

　　她找了個藉口瞞著爸爸去中醫診所抓藥療傷，沒想到滿頭白髮，戴著老花眼鏡的醫師卻對她說：「恭喜妳，太太，妳已經懷孕三個月了。」

　　媽媽的心頓時冷了一大截，她沮喪的放棄了離婚的念頭。

　　但撫摸著微微隆起的肚子，她隨即又滿懷希望的想到：說不定這個小生命能為她的家帶來什麼變化也說不定！

　　可惜，她終究還是失望了。

7

生命的降臨與驟逝往往都在轉瞬之間，誰也沒有權利主宰。

死亡並不可怕，在你翻閱這一頁的時間裡，說不定已經有數以萬計的生命死亡或誕生。

每個人都有這一天，每個人也都知道自己會走到這一天。

我們無法接受的，是這一天總是比我們預期的還要早到來。

無法接受的，是身邊的人離去了，我們的這一天卻遲遲還不來。

那個人帶著我的屍體出門了。

我看見媽媽坐在床邊，一口氣吞下了整瓶安眠藥，這不是一時衝動，她已經偷偷策劃很久了。

這些年來，我們母子倆相依為命，早已誰也不能沒有誰。

失去至親的人，也就等於失去生存下去的意義。

家暴自療30
　　——偉偉的黑色日記

　　十分鐘以後，藥效開始發作，媽媽表情安詳的躺在床上，一面沉入夢鄉一面喃喃哼著一首歌：

　　「乖乖睡……乖乖睡……」

　　那是每天臨睡前媽媽在我枕頭邊唱的催眠曲。

　　如今卻成了她自己的催魂曲。

　　我在今年媽媽生日的時候，曾經親手畫過一張卡片送給她，上面寫著「祝媽媽生日快樂，長命百歲。」

　　「長命百歲」這四個字是幼稚園老師幫我加上去的，她說大人都喜歡收到這樣的祝福。誰不希望可以活得健健康康、長長久久呢？

　　我當然也希望媽媽可以健康快樂、長命百歲，她還這麼年輕，不應該就這樣死掉。

　　活下去雖然很不容易，但是只有活下去，才能改變世界上的所有事情。

　　我不是老生常談，我只是告訴你我自己的經驗。一旦死了，就什麼都不能做了，和我現在一樣，只能在一旁看毒藥一點一滴侵蝕媽媽的身體，卻無能為

力，什麼辦法都沒有。

　　這個時候，我的屍首已經慢慢被海裡的魚蝦入侵，但我卻一點也不在乎。

　　海水好冰好冷，然而我關心的只有媽媽的靈魂。

　　我看著她似乎掙扎著想跳脫肉體的羈絆，一個是蒼白的，一個是透明的，夢裡霧裡淚眼裡，我看見了兩個交疊在一起的媽媽……

　　「砰」一聲，家裡的大門開了，那個剛把我棄屍海底的兇手回來了。

　　這是我第一次因為他的出現感到高興。

　　他在大門口喊了幾聲媽媽的名字，但是沒有回應。

　　小人的嗅覺都是很靈敏的，他立刻聞到了空氣中不尋常的氣氛，衝進房裡，看到了躺在床上近乎奄奄一息的妻子。

　　救護車來到。

　　醫生灌了好多生理食鹽水到媽媽的胃裡，我看見

家暴自療30
——偉偉的黑色日記

媽媽的臉因痛苦而抽搐著。

我的心情好矛盾。我多麼希望媽媽可以看見我，待在我身邊陪我，但是一個小小的聲音卻又告訴我：我不能這麼自私，媽媽還有好長一段路要走。她辛苦了一生，從來沒有好好感受過幸福的滋味。她把所有的福氣全給了我，讓我只要待在媽媽身邊，就會覺得很幸福。

比起女人和小孩，死人是更無能為力的一群。

我躺在媽媽身邊，用我的臉貼著媽媽的臉。我不想失去媽媽，但是我想要看見她幸福的微笑。

我不能讓媽媽就這麼死掉。

我握著媽媽的手，在她耳邊輕輕唱著兒歌：

「鳥兒它要飛　嘰喳嘰嘰喳

　喊著離開家呀

　門前的老樹捨不得呀

　窗前的小花捨不得呀

　親愛的媽媽捨不得呀

　淚珠兒已經流下

　　門前的老樹我想它呀

　　窗前的小花我想它呀

　　親愛的媽媽我想她呀……」

　　「只要聽到偉偉的歌聲，媽媽就不覺得痛了。」每次挨打以後，媽媽都會這麼告訴我。

　　「媽媽什麼都不要，偉偉就是上天賜給我最好的禮物。」每一年過生日，媽媽都會笑著對我說。

　　「如果有一天你發現媽媽不見了，不要覺得害怕。媽媽其實一直都在你身邊保護你，只是你看不見而已。」是的，是的，媽媽，我會一直待在妳身邊，不管妳看不看得見我……

　　我的腦海裡閃過過去和媽媽相處的每一個時分。傑哥哥在這個時候來到我身邊，我像見到親人一樣，一看到他，眼淚就不能遏止的掉了下來……

　　誰能告訴我，為什麼人死了以後，還會有這麼多的眼淚？

　　凌晨時分，媽媽終於甦醒了。

37

家暴自療30
——偉偉的黑色日記

「我聽見我兒子在唱歌……」她這麼對身旁的護士說。

經過一夜的折騰，我總算鬆了一口氣。媽媽暫時沒有生命危險，但是下一次呢？誰知道還會不會有第二次、第三次、第四次……？

我看著那個人站在醫院門口，手上拿著一根香煙，雙眼無神的凝視著前方。

這個人心裡在想些什麼？那是我永遠不能夠了解也不願意了解的。

杰哥哥告訴我，自從他出事以後，他的爸爸就沒有再動手打他媽媽了。

失去讓人懂得珍惜，他的爸爸媽媽雖然付出了很大的代價，卻也因此學會珍視對方。

我心想，那個人是否也會因為我的死而改變？

然後，我隨即為自己的想法感到可笑。就算他改變得了自己的脾氣，他也改變不了自己所造成的悲劇。

有些事情一旦發生，再怎麼後悔也只是無濟於

事。虛擲了的機會，是不可能一次又一次的重來。不是有一句話說，哀莫大於心死嗎？

在病房外面，杰哥哥問我：「你希望他們兩個和好如初嗎？」

怎麼和好如初？那個人差點害死了媽媽！這些年來，媽媽給了他多少次機會，相信他多少句謊話，但結果是什麼？只是一次又一次失望，一天比一天恐懼。

他根本沒有辦法安頓好自己的情緒，又哪裡有辦法照顧自己的家人？

「不！我不希望他繼續和我媽媽在一起，我希望他下地獄！我希望他下地獄！」我大喊，激烈的口氣連我自己都嚇了一跳。

我知道像我這樣心腸歹毒的人是沒有資格上天堂的，但我就是沒有辦法看著我母親在人間受著地獄般的折磨。

她什麼事情都沒有做錯，該下地獄的那個不應該是她。

8

　　我讀幼稚園中班的時候，曾經和鄰居家的大姐姐一起去上過一次作文班。

　　大姐姐去學作文，我則坐在她旁邊畫畫。

　　那一天的作文題目是「我的志願」，大姐姐說她希望長大以後可以當空中小姐，我站起來告訴老師，「我希望長大以後爸爸可以帶我去動物園玩。」

　　全班哄堂大笑，我才知道「志願」和「願望」是不一樣的。「志願」只要努力就可以成真，「願望」卻是你再怎麼努力也不可能成真，如果你根本沒有那個命的話。

　　我經常覺得我的存在是個錯誤。

　　若不是因為我，媽媽早就可以孑然一身勇敢走出這個家，不用忍受爸爸長期以來的暴力和凌辱。

　　如果我根本不存在在這個世界上，媽媽也不必為我的離去而悲傷。她不用在爸爸發酒瘋的時候用自己

的身體幫我擋拳頭，也不用為了我上學的費用三番兩
次忤逆爸爸的意思，自討苦吃。

　　想到這裡，我不禁有點為自己感到驕傲，原來我
死得還這麼有意義！

　　萬念俱灰不一定是絕境，轉念一想，無牽無掛
不是更能展開新的人生嗎？

　　少了我，媽媽終於可以放心的出走了。而我呢？
我又該走到哪裡？哪裡才是屬於我的一個家？

　　我把心裡的疑惑告訴了杰哥哥。

　　他對我說：「不要擔心，我們終究是會回家的。」

　　「什麼時候？那會是多久以後？」問這個問題時我
並不知道，有些人死後七天就可以上天堂，而有些人
卻像我一樣，在人間一待就是待了十幾年。

　　「等到我們在人世間的任務完成了，我們就可以回
家了。」杰哥哥篤定的說。

　　「你怎麼知道？」

　　「我就是知道。」

家暴自療30
——偉偉的黑色日記

　　我不明白杰哥哥所說的「任務」是什麼意思。我都已經死了，還能做些什麼？學蜘蛛人在空中飛來飛去嗎？還是在半夜出來嚇人？

　　「我們可以做的事情還很多，」杰哥哥說，「例如，找出當年綁架我的那一票渾蛋。」

　　「你已經知道他們是誰了嗎？」

　　「我不知道，不過這種人通常都不難找到。他們連擄人勒贖這種喪盡天良的事都幹得出來了，一定還會再幹下其他壞勾當。」

　　我聽得一愣一愣的，不知不覺聯想起那個害死我的人。

　　「是不是所有壞人都一定會有壞報呢？」

　　杰哥哥沉吟了一會兒，緩緩的說：「不管是不是，我們都要相信這個世界還有天理。」

　　我從病房的窗口往裡頭看，看見爸爸跪在媽媽床邊，深情的緊握著媽媽的手。他已經在那裡守護媽媽一天一夜了。

　　我的爸爸，他究竟是好人還是壞人呢？

　　我看見媽媽躺在床上，平靜的閉著眼睛。她在作夢嗎？她的夢裡可會有我？

　　人死掉以後，就不需要睡覺了。我好想夢到媽媽，好希望媽媽能夠進到夢裡來陪我。

　　可我連作夢的權利都沒有。

家暴自療30
——偉偉的黑色日記

媽媽出院那天，爸爸一大早就來醫院接她。

所有護士都以同情的眼光看著爸爸攙扶虛弱的媽媽走出醫院，因為她們都曾親眼見識過這位善良體貼的丈夫，是如何不眠不休、寸步不離的照顧他精神耗弱且有自虐傾向的太太。

我看見媽媽的身子不停地在顫抖，兩眼警戒的環視四周。無論我多麼不想承認，此刻的媽媽看起來真的很像一個十足的精神病患。這些年來，她的丈夫已經成功的把她變成了一個精神病患。

「對不起。」在家裡那破舊的老爺車上，爸爸總算開口對媽媽說了第一句話。

他說話的時候表情真摯，右手還繞過排檔桿溫柔的握住媽媽的手。

當時我坐在後座，噁心到快要吐了。

「這種話我已經聽過八百遍了，你覺得他是真心的

嗎？」我問身旁的杰哥哥。

「可能是吧。」杰哥哥沉思了一下，「這一分鐘他是真的覺得抱歉，但下一分鐘他可能又改變心意了。變來變去的，大人不都是這樣嗎？」

媽媽始終沒有開口，我隱隱約約覺得，她已經和從前不太一樣了。

從前的媽媽，不管再怎麼傷心難過，她的眼神都是溫暖的，現在我已經無法從媽媽的眼神裡感受到任何溫度。

見到媽媽沒有反應，那個人繼續無恥的開著空頭支票，「我答應妳，從今以後我再也不碰一滴酒了，好不好？我會去找工作，會努力賺錢給妳過好日子，孩……還有，妳想要怎麼樣，我都答應妳，好不好？」

原本他想說的是「孩子還可以再生」，但是他知道這不是討論這個問題的好時機，便很巧妙的避開了。

這就是我的爸爸，他永遠知道該在什麼樣的時機說些什麼樣的話。他的話讓人聽了充滿希望，然而他的所作所為卻總是令人失望。

家暴自療30
——偉偉的黑色日記

我記得我在世的時候曾經問過媽媽，「爸爸為什麼要打人？」

媽媽說：「那是因為他喝醉酒的緣故。」

「他知道自己喝了酒以後會打人嗎？」

「當然知道啊。」

「那他為什麼還要喝酒呢？」

媽媽怔了一下，才說：「我想……那是因為他很不開心吧！」

媽媽的心裡一直有很深的罪惡感，她認為不能讓爸爸開心全都是她一個人的錯。

的確，爸爸在少年時期養尊處優，過得很好，但是娶了媽媽以後，先是丟了飯碗，後來又死了爸爸。不僅如此，爺爺去世以後，一向堅強刻薄的阿嬤也突然病倒，經常神智不清、胡言亂語，醫生說這是常見的老人癡呆，需要家人時時刻刻在一旁照顧。

然而阿嬤卻死硬的不肯接受媳婦的照顧，時常趁著媳婦不注意的時候故意把尿盆弄翻，或是直接對著媳婦吐口水，把媳婦視為魔星轉世，是剋死她丈夫的

千古罪人，一步也不肯讓她靠近。

　　哼！阿嬤想寄望她兒子照顧她？簡直是作夢！那
個人忙著喝酒都來不及了，哪裡還有閒工夫照顧這個
痴痴呆呆的老婦人呢？

　　逼不得已，爸爸媽媽只好把阿嬤送進嘉義老家的
療養中心接受治療，他們固定每個星期天下南部去探
望她。

　　自我懂事以來，我沒有一刻不為我媽媽抱屈。

　　雖然這些不幸的事都是媽媽進門以後才發生的，
但怎麼不想想，這其實該歸因於時候到了呢？

　　我出生的時候，爺爺已經七十多歲了，老人家生
病本來就很正常，一病不起更是每天都在發生的事。
這種事情怨不了別人，他們卻硬是要把責任往媽媽身
上推，好讓罪過有人承擔，他們自己的心才能踏實。

　　媽媽沒有讀過什麼書，又來自於那麼一個畸形的
家庭，內心的自卑感本來就很深。

　　她不善交際，只能一味的把苦水往肚子裡吞。

家暴自療30
——偉偉的黑色日記

　　媽媽不是沒想過要離開這個家,她只是不曉得走出那道門之後要往哪兒去?要過什麼樣的日子?畢竟,對她來說,留在一個不安全的熟悉環境比一個不知道安不安全的陌生環境要來得有安全感多了。

　　與其自己重新出發,她寧可把精力放在祈禱丈夫有一天會改變。

　　結婚這幾年來,媽媽跑遍了所有知名的廟宇求神問卜,四處請高人指點,只可惜丈夫的悔悟從來都只有一時片刻,而暗夜的苦痛卻是無邊無際。

　　那個人從來不曾真正的覺悟,為什麼媽媽就是沒有覺悟到這一點呢?

　　車子開上了高速公路,我一邊欣賞窗外的風景,一邊看著我爸爸唱獨角戲。

　　不管他如何好說歹說,媽媽卻始終不肯多望他一眼。

　　我看見媽媽的眼神除了冰冷,還透露出了一份勇氣。

　　她現在心裡想的,正是我所想的嗎?

　　只要媽媽可以離開這個人面獸心的男人,飛往海

闊天空的世界，那麼我死也瞑目。

　　我和杰哥哥不一樣，他有權利責怪那個殺死他的兇手，我卻沒有權利可以責怪任何人。

　　因為殺死我的人和賦予我生命的是同一個人。

　　雖然我希望他有朝一日能夠得到一些報應，但如果他真的遭到了什麼報應，我想我也不會感到欣慰。

　　恨一個人又不能盡全力去恨，是一件很痛苦的事。

　　我想我正是因為這樣所以才上不了天堂吧！人世間的仇恨、牽掛、懊悔、期待……每一樣都是一件件沉重的東西，絆住了我的腳步，我不知道自己身處的地方是陽間還是陰間，也不知道我究竟是靈魂還是鬼魂，我究竟還會不會有明天？

　　死掉一點也不是件好玩的事。如果可以選擇，我寧可立刻上天堂或下地獄，也不願再停留在人間，目睹我親愛的媽媽對著我那空蕩蕩的小床一次又一次地傷心落淚。

家暴自療30
——偉偉的黑色日記

這天是禮拜天。以往的每個星期天，爸爸媽媽都會帶我到嘉義探望阿嬤。

但是這一次，只剩下他們兩個人了。

阿嬤沒有看見我，她先是打量一下門外，之後才一臉疑惑的問：「偉偉呢？」

聽見我的名字，媽媽「嗚」的一聲哭了出來。

要不是阿嬤患有老年痴呆症，她一定能察覺得出其中的異樣。可惜，她只是茫然的望著門口，望著爸爸。

爸爸很快的接口說：「偉偉發燒生病，所以我們就讓他留在家裡了。」

阿嬤點點頭，我不知道她是因為聽了爸爸的解釋覺得心安，還是因為有人願意回答她而感到安心。

打從我有記憶以來，阿嬤的精神就一直處於不穩定的狀態，經常胡言亂語，一會兒說是看到了菩薩，

一會兒又說是見到了爺爺。

　　一天，她把媽媽衣櫃裡的衣服都丟到鍋子裡去煮，煮到鍋底燒出了一個大洞，只差一點沒釀成火災。而就是在那一天晚上，爸爸痛定思痛，決定把阿嬤送進療養院，接受比較專業也比較安全的照料。

　　但是，這樣的安全是要付出代價的。阿嬤一個月四萬多塊的醫療費用對家裡無疑是一大筆開銷，爺爺留下來的保險金很快就用光，我發現爸爸喝酒的次數漸漸的增加。

　　從前我很不諒解阿嬤，為什麼她總是縱容兒子打媳婦卻不加制止？為什麼她總是以挑剔的眼光指責我媽媽？

　　後來我才知道，那不完全是阿嬤的錯。在老一輩人的觀念裡，女人家本來就應該逆來順受，當家做主的永遠都是男人，不管那是個什麼樣的男人。

　　阿嬤自己就是這麼熬過來的，她愛了爺爺一輩子，也被爺爺打了一輩子。對她而言，這樣的日子就

是女人最大的幸福，旁人又怎麼忍心說她不對呢？

　　聽見阿嬤提起我的名字，我既覺得感動又感到激動。因為我知道，從今天起，我的名字被提起的次數將會越來越少，我的臉孔也會隨著歲月在別人的印象中漸漸模糊。

　　這一刻，我好希望阿嬤不要生病。至少那樣，世界上會有多一個人知道我的死訊，至少，還可以有一個人陪著媽媽哭泣。

　　我真不希望看見媽媽再這麼孤單無助下去。

　　從嘉義回台北的途中，爸爸媽媽繞到一座寺廟拜拜。

　　我很想看看這個殺人兇手有什麼顏面面對莊嚴公正的神明，但是我做不到，因為寺廟和教堂是我們這些鬼魂的禁地。

　　人有時是會被命運推著走的。若是以前，爸爸肯陪她來廟裡上香，媽媽一定會很高興，但是現在，她

依舊神情穆然，連多說一個字都吝嗇。

　　自從我出事以後，媽媽就再也不肯跟爸爸說一句
話。

　　他們兩個雖然生活在一個屋簷下，睡在同一張床
上，一起從醫院回家，一起下南部去看阿嬤，但是媽
媽始終不願正眼看爸爸一眼。

　　她無法忍受看到這個殺了她兒子的兇手居然還過
得這麼逍遙自在。

　　這幾天以來，那個殺人兇手頻頻對她示好，他表
現得像個體貼的丈夫，不只送太太玫瑰花，還細心地
準備宵夜給她吃，但是都沒有用，媽媽對他殷勤的表
現根本不屑一顧。

　　從前她不知道這些突來的溫柔可以維持多久，現
在她清楚的知道這些臨時的轉變不會持續太久。

　　媽媽依舊每天整理著家務，鋪床、掃地、買菜、
煮飯，用力搓洗衣服，把衣服擰乾，抖平，掂著腳尖
把衣服晾在比她高出許多的竹竿上……，她做事的態

度比以前要來得專心，不但把蘿蔔仔細的切塊，蕃薯也一個個小心翼翼的削皮，她把碗洗得晶亮，直到甩乾最後一滴水，才放到旁邊曬碗的盤子裡。

　　只有讓自己集中心力在這些瑣碎的事情上，她才可以暫時忘卻她那可憐早夭的兒子。

　　是的，活著的人往往比死去的人更痛苦。只是，不管在人間、在陰間，孤獨無依的感覺都是一樣的，死亡不是真解脫。

自從離開人世以後，我唯一能夠說話的對象只有杰哥哥。

大部分的時間，我們會各自回去探視我們的家人。每次見了家人以後，杰哥哥臉上都會掛著滿足的微笑。他離開人世已經兩年了，他爸爸媽媽在今年年初又生了一個小妹妹，叫做「珊珊」。一家人已經漸漸走出傷痛，生活重新上了軌道。

而我每次見過媽媽之後，卻總是滿面愁容。她是個多麼好的女人，沒有理由要承受這麼多的不幸。如果哪一天我遇見了高高在上的神明，我一定要問問祂原因。人生而平等，任何人都有權利得到幸福，不是嗎？

這一天是我的頭七，我已經離開了人世七天，媽媽也已經和爸爸冷戰了七天。

到了該攤牌的時候了。

那個人回來的時候，媽媽正在陽台上燒著紙錢。

家暴自療30
——偉偉的黑色日記

　　我看見他怒氣沖沖的走進家門，身上瀰漫著一股酒氣。

　　他又食言喝酒了，我真的好替媽媽擔心。

　　「ㄟ，我回來了！」那個人搖頭晃腦的說。

　　媽媽沒有回應，她聞到了那股熟悉卻厭惡的氣味，匆匆忙忙的放下手邊的工作，轉身欲躲回房間。

　　那個人以迅雷不及掩耳的速度一把抓住媽媽的頭髮，她一時重心不穩，整個人跌坐在地板上。

　　「我跟妳講話妳沒有聽到是不是？」那個人溫和平緩的說，眼裡卻隱含著怒氣。

　　媽媽不知道哪裡來的勇氣，始終倔強的緊抿著嘴唇。而我卻衷心希望媽媽不要再跟那個人作對，萬一惹火了那個禽獸，吃虧的會是她自己，一向都是這樣的，媽媽難道忘記了嗎？

　　「妳……妳……」那個人沒料到媽媽竟敢來個「相應不理」，一時間氣得說不出話來，雙手因用力而握緊拳頭。

　　「妳……妳是我太太，吃我的住我的，居然還敢不

理我，我已經受妳的窩囊氣夠久了！怎麼樣？想造反
了是不是？我對妳好，妳就不把我放在眼裡啦！」

　　我看見那個人眼裡閃爍著兇狠的目光，每次要打
人之前，他都會流露出這樣的眼神。

　　從前一見到這種眼神，我便會嚇得全身發抖、魂
不附體，一心只想著要帶媽媽逃到哪裡去。這一刻，
我好慶幸自己已經死掉，那個人的拳頭再也傷害不了
我了。

　　「你⋯⋯你不是人！你不是人！」媽媽終於把心裡
的話說了出來，她蹣跚的從地上爬起來，捉住那個人
的衣服不住的搖晃嘶吼，「你還我兒子來⋯⋯還我兒
子來⋯⋯」

　　「夠了！」那個人一把推開媽媽，「妳這麼大聲，
是不怕鄰居聽到是不是？我又不是故意的，妳如果要
怪我，我也沒辦法。」

　　他擺出一副「我就是這樣，妳能拿我怎麼樣」的
態度，他太吃定媽媽了，知道媽媽是不忍心出賣他

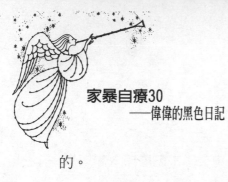

的。

「什麼叫不是故意的！現在死的是你兒子，不是隨隨便便一條小貓小狗耶！」

「閉嘴！」那個人一拳打在媽媽的臉上，我看得出來他是惱羞成怒。他不願承認自己的錯誤，只好藉由虛張聲勢來掩飾自己的心虛。「叫妳不要再提這件事了妳還提，妳這個女人真是欠揍！」

「我為什麼不能提？人明明就是你殺的。有種你就打死我好了，反正只要我活著的一天，我就不會原諒你……」話還沒說完，媽媽的嘴角就已經被打裂，鮮血緩緩從傷口滲出來。

我連忙移動到媽媽身邊，緊緊的擁抱住她，但是沒有用，我小小透明的身子無法阻止他重重的拳頭不斷落在媽媽身上。

風暴不知道持續了多久，那個人打累了，才終於心滿意足的停手。

　　我看見媽媽的臉上、身上到處都是傷痕。

　　雖然很痛，但她還是硬撐著站了起來，我和那個人都以為媽媽是想要走進房間，沒想到她卻往門口的方向走去。

　　媽媽傷痕累累的臉上寫著堅定的表情，她此時的眼神像是一片深邃的汪洋，我從來沒見過這麼寧靜而瘋狂的媽媽。

　　她的兩隻眼睛凝視著前方，像看見了什麼，也像什麼都看不見。

　　媽媽就這麼赤著腳一步一步向前走，像陣風一樣，以穩穩的節奏走過了那個人身邊，以穩穩的節奏走出了家門口，彷彿這個動作她已經在腦子裡模擬過一百次、一千次了一樣。

　　屋外的天空開始飄起細雨，但是媽媽始終沒有回頭。

家暴自療30
——偉偉的黑色日記

雨一連下了好幾個鐘頭。

媽媽生我的時候，也是在這樣一個小雨紛飛的夜晚。

赤裸著雙腳，什麼也沒帶，她能上哪兒去？

我知道那個人也是這麼想的。因為他什麼也沒有做，沒有因為媽媽的離去暴跳如雷，也沒有追出門試圖挽留她。他只是拖著發完酒瘋後疲憊不堪的身軀，悻悻然的回到房間裡倒頭就睡。

他相信媽媽早晚會回來的，就讓她在外面吹風淋雨受受苦吧，這樣她才會知道他對她有多麼的恩德重大。

我好生氣，氣他在乎的只是媽媽會不會繼續替他做牛做馬，卻一點也不關心媽媽的安危。

這麼冷的天，這麼黑的夜，這樣一個弱女子能上哪裡去？她會不會想不開？會不會出什麼意外？

身為她最親密的人，那個人居然可以不聞不問，一副若無其事的樣子！

但願我手上能有一把刀……

我很想殺了他，但是我沒有多餘的時間留在這裡恨他，因為我得趕緊跟上媽媽的腳步，確定她平安無事才行。

雨水淋濕了媽媽的身體，路上的石子磨破了她的腳皮，但媽媽依然固執的繼續往前走。

這麼多年來，她對丈夫的暴行早已習以為常。人是會適應環境的，當一個人長期待在痛苦的環境下，他自然感覺不到什麼是痛苦。就像嬰兒來到世上，如果第一口嚐到的是苦水，他會一直以為「苦澀」就是人生最自然的滋味。

長期生活在暴力行為下的媽媽，早已感受不到什麼叫做「痛苦」。只是她能止住自己臉上的淚，卻怎麼也止不住心上的血。

她的心不斷在淌血，那種千刀萬剮的滋味，豈是「痛苦」兩個字足以形容的？

家暴自療30
——偉偉的黑色日記

　　哪個女人不想擁有一個溫馨美滿的家庭？哪個女人不曾做過色彩繽紛的美夢？肉體的創傷會痊癒，心靈的痛楚卻很難平復。

　　夢境總有一個期限，夢醒了，人不想面對現實也沒有辦法。

　　曾經，媽媽以為自己的丈夫只是年輕氣盛，等他老一點、成熟一點，自然懂得控制自己的情緒。曾經，她以為孩子足以改變一個男人，她不知道孩子可以是潤滑劑，也可以是拖油瓶。

　　孩子帶來的影響，只是加深了負面的轉變。

　　老了就好了，老了就好了……媽媽總是這麼對自己說，守得雲開見月明，不到黃河心不死，她是用這樣的心情去渡過每一天的。

　　沒有穿外套，媽媽的身子在風中顫抖，她不斷催促自己走快一點。

　　走快一點，就不會覺得冷，也不會覺得害怕了。

　　小雨無情的打在她的臉上，雨水中的鹽分刺激她的傷口益發疼痛。

　　她想起當年她向全家人宣布懷孕消息的那一刻，那個男人是多麼溫柔的抱著她，一家大小又是多麼歡天喜地的為她感到高興啊！

　　不論有多麼辛苦，一想到當時的幸福，她就心甘情願為這個家堅持下去。

　　那種歸屬感，是她夢想了一輩子，從來也不曾擁有過的。而就是那份美麗的回憶，支撐她渡過往後苦澀的歲月。卻沒想到那段地獄般的日子漫長得像是永遠不會結束。

　　我出生以後，媽媽天真的以為所有的幸福都會隨著孩子的成長一直維持下去，想不到事與願違，爸爸根本不願忍受嬰兒的夜裡啼哭，爭吵了幾次，也挨打了幾次後，一直到我三歲以前，媽媽每晚都是瞞著爺爺和阿嬤，偷偷抱著我睡客廳的。

　　我的哭聲替媽媽帶來了極大的焦慮感，但她從來

不曾因此而埋怨過我。

我的媽媽，偉大而愚蠢，她只是一個人暗自流淚，不斷禱告，默默期待丈夫有一天會改變。

然而這一天，卻始終遙遙無期。

等過花開，等過花謝，等到她連孩子的性命都賠上了，她還必須等多久？她還有多少日子可以等？上天不讓她死，難道是要她繼續過這種生不如死的日子嗎？

不，她至少得試著去為自己找出一條活路才行。

我看著媽媽茫然的沿著大馬路走著。

她不知道自己正走向何方，也不知道自己該往何處去。她只是一心一意的想要離開。

不時有路過的人對她鼻青臉腫、赤著雙腳的樣子投以好奇的眼光，甚至有婦人在經過她身邊時，低聲囑咐自己的小孩「快走」，媽媽把一切聽在耳裡、看在眼裡，但是她什麼都不在乎。

離家越遠，她心頭的負擔就越輕。那個家、那段

慘不忍睹的過去，似乎都離她越來越遠。

踏出第一步也許很艱難，但是踏出去以後，接下來的第二步、第三步……，就會顯得越來越容易。

自由的感覺多麼美好，她都已經快遺忘這種滋味了。

走累了，媽媽停在一處公車站牌下，站牌上好多地名、街名都是她從來沒聽過的，但是她目前不想為這種小事擔心，她摸了摸口袋，身上還有僅餘的一點零錢。

媽媽想也不想就坐上了最近駛來的第一班公車。

什麼時候公車票價竟然漲到了十塊錢？她上次坐公車的時候，還只需要五塊錢呢！

外面的世界一直在變化，為什麼要將自己關在痛苦的牢籠裡呢？

就讓公車載她到任何她應該去的地方吧！

家暴自療30
——偉偉的黑色日記

我是整班車上唯一不必投錢的乘客。媽媽選了一個靠窗的位置坐下，我選了媽媽旁邊的位置坐下。

窗外的景色從我們眼前飛馳而過，世界如此美麗，為什麼她以前從來沒有發現呢？我看見媽媽的嘴角流露出些微的笑意，雖然她夢寐以求的家園幻滅了，但她至少學會了一個人搭公車。

雖然她放棄了一個男人，但她總算可以空出雙手去擁抱全世界。

就在這個時候，車子突然拐了個大彎，我感覺媽媽的身體顫抖了一下，接著一聲巨響，媽媽整個人重重的往我身上倒。

「司機！停車！有人昏倒了！」我聽見了一個聲音大叫。

那位送媽媽去醫院的好心人士叫做柯元昌，我聽見他是這樣對掛號的護士阿姨說的。

醫生替媽媽縫了傷口，吊了一瓶點滴之後，就送媽媽轉往普通病房。沒多久，媽媽醒了，她想起自己身上並沒有多餘的錢，所以堅持要馬上出院。

「妳不用擔心，妳的醫藥費那位先生已經幫妳付了。」護士小姐安撫媽媽。

「哪位先生？」媽媽的臉上明顯流露出恐懼，此刻爸爸是她最不願意見到的人。

「就是送妳來的那位先生啊，好像……好像姓柯的，怎麼？你們不是認識的嗎？」

媽媽鬆了一口氣。

「不，我不認識他，請問他在哪裡，我想當面謝謝他。」

媽媽焦急的想套上拖鞋下床，卻被護士小姐一手攔住。

家暴自療30
——偉偉的黑色日記

「他知道妳醒來以後就離開了。你的身體還很虛弱,最好留在床上休息。」

我代替媽媽目送柯叔叔離開,由衷的感謝這位仗義相助的善心人士。

接下來的幾天裡,媽媽經歷了好多生命中的「第一次」。

由於媽媽身上沒有任何證明文件,她只好向醫院坦承她離家出走的經過,以及她不能回去的理由。

這是她第一次向外人坦言自己的家醜。

從前要媽媽說出這些不堪的家務事是很困難的,他們那一輩的人有著「前世造業今生受罪」的觀念,認為所有的不幸都是自找的,說出來非但得不到任何同情,還可能會淪為別人茶餘飯後的話柄。

個性好勝的媽媽寧可一個人默默承受,也不願意向任何人吐苦水,只是如今形勢逼人,媽媽不得不說。

說完以後,她驚訝的發現,護士小姐不但沒有像

她所預期的露出幸災樂禍的表情，反而用一雙充滿關懷的眼睛看著她，說：「妳安心待在這裡吧，我們會替妳想辦法的。」

　　隔天一大早，媽媽第一次接觸到政府的社工人員。

　　那是一位看起來大約四十多歲的中年婦人，她穿著一件水藍色毛衣和棕色長褲，樣貌和藹，感覺十分可親，但是媽媽卻一直用警戒的眼神望著她。

　　受過的傷害太多，媽媽害怕她是要來勸自己回家的。

　　社工阿姨陸陸續續問了媽媽一些問題，包括「結婚多久？」「有沒有小孩？」「丈夫的職業」……等等，媽媽努力壓抑著惶恐不安的心情，強迫自己儘量表現輕鬆。

　　當問到關於子女的問題時，媽媽很快的回答：「沒有，我沒有小孩。」

　　我在旁邊聽得好心痛。

家暴自療30
——偉偉的黑色日記

社工阿姨問媽媽願不願意跟她回去。

「回去？回去哪裡？」她下意識的絞扭著雙手。

「我們機構會安排妳住的地方，妳可以一邊養傷一邊替將來做打算，看妳是要離婚還是回家，我們都會尊重妳的決定。」

「妳們可以幫我辦離婚？」

媽媽的臉上燃起了一線希望，從前遇到這種狀況，身邊的人大多只會勸合不勸離，要她多忍忍，不要想太多。

而社工阿姨卻給了她一個全新的答案。

「只要有驗傷單，那不是不可能，只是在那之前妳要先考慮清楚。」社工阿姨看著媽媽的眼睛，溫暖又堅定的說：「要知道，妳不是孤單一個人。」

媽媽不由自主地紅了眼眶，我在她身邊也跟著紅了眼眶。

兩天以後，媽媽第一次走進庇護中心，也第一次接受關於心靈治療的課程。

　　要在一個陌生人面前坦白說出自己的過去是很不容易的，儘管他是所謂的「專家」。

　　就像大人很喜歡拍下嬰兒的裸照，然後傳諸於世一樣，三歲時照片的主角可能還不以為意，但到了五歲的時候，你會巴不得那些照片趕快消失在世界上。

　　我出事的前幾天，曾經翻箱倒櫃想要找出這些丟人的照片，來個毀屍滅跡，沒想到卻意外打破了爸爸放在櫃子上的酒瓶。

　　原本以為只要把犯罪現場清理乾淨就不會有人發現，豈知才沒隔幾天就輪到我被人毀屍滅跡了。

　　現在回想起來，打破酒瓶或許是個預言，警告我不要輕舉妄動。

　　為什麼我不及早覺悟呢？

　　我看著一位臨床心理醫生坐在媽媽對面，他的眼睛好小，藏在厚厚的鏡片背後，看起來幾乎只剩下細細兩條縫。

　　小眼睛要媽媽回憶過去，勇敢說出自己當下的感

覺。

感覺？好陌生的字眼。

這麼多年了，媽媽總是默默經歷著所有的事情，一點也沒有認真考慮過自己的感覺，也從來沒有人問過她有什麼感覺。一直到這一刻她才發現，原來她也可以有感覺，原來她也有權利說出自己心裡的感受。

就像一瓶搖晃過後的香檳，只要瓶口的塞子一拔開，裡面裝載的東西便會激射而出。長久以來，媽媽放任著痛苦麻痺自己的心靈，現在這個瓶塞被拔開了，她第一次拋開所有疑慮，敞開胸懷，一五一十地向醫生道出她令人心酸的過往。

只有關於我的事，媽媽隻字未提。

為什麼呢？難道她想就這麼把我忘了嗎？

我想伸手摸摸媽媽的臉，提醒她我的存在，但卻徒勞無功。

媽媽的臉是溫的，我的手卻是冰的。天人永隔，已是不爭的事實。

比起許多一出世就夭折的嬰兒，我已經很幸運

了。至少我見識過保溫箱以外的世界，至少我體驗過媽媽的溫柔，感受過媽媽獨一無二的愛。

這個世界不欠我什麼，我已經死了，更沒有權利再要求什麼。

就讓媽媽把我忘了吧！

忘了我，她會好過一點。

小眼睛的眼睛雖然很小，卻沒有忽略病患透露出的任何一個細節，我看著他一邊聽媽媽說話一邊拿筆做記錄，寫了洋洋灑灑好幾張大紙，都仍記載不完媽媽的眼淚。

在過去好幾個小時的傾談裡，媽媽的心情從平靜變得激動，又從激動漸漸平靜下來。

從前，她一直活在只有丈夫、只有家庭的世界裡，丈夫對她的評價變成了她自我形象的唯一評定標準。

在丈夫眼裡，她是個「該打」的女人，久而久之，媽媽也受到丈夫的潛移默化，下意識的認為自己真的該打，兩相情願的認為她之所以挨打完全是因為

自己一無是處，才會讓丈夫怎麼看都不覺得滿意。從來沒想過問題的癥結也許不在於自己，焦點模糊了，問題當然也就無從解決。

現在出現了一個人，堅定的告訴她「這一切都不是她的錯」，給了她信心，也給了她慰藉，彷彿天堂的門敞開，一下子把她從罪惡的深淵解救出來，無助的靈魂因此得到了救贖。

媽媽第一次發現，有個可以聽她說話的人真好。

當天晚上，社工阿姨和媽媽進行了一番詳談。她們告訴媽媽，她可以安心的在庇護中心住兩個禮拜，在這兩個禮拜之內，她們會盡全力幫助媽媽規劃未來的方向，包括離婚和找工作。

「那兩個禮拜之後呢？」

媽媽的眼裡充滿焦急徬徨的神色。

「兩個禮拜之後，如果中途之家那時有空床位的話你可以轉去那兒，或是我們幫妳找適合的地方住。」社工阿姨說：「最重要的是，妳要知道自己想過的是

什麼樣的人生，妳要先有目標，才會有動力。」

　　媽媽沉默了。她一向是被命運推著走，又哪來什麼自己安排人生？

　　這是她生平第一次有權利為自己作主，突如其來的自由使得她一下子方寸大亂。

　　鳥兒被關在籠子裡太久，牠已經忘了怎麼飛翔。

　　那一天晚上，媽媽徹夜未眠，不停重複咀嚼社工阿姨告訴她的那一番話？自己的人生、自己的人生……

　　已經太久了，她簡直不敢相信自己可以主宰自己的人生。

　　我坐在床頭，看見媽媽臉上重新散發出難得的光彩，我很想為她感到高興，但不管我用什麼理由來賄賂我的心，我都依然一點也高興不起來。

　　這並不是一件容易的事。我擔心媽媽一旦開始往前走，就會一步步的把我拋在腦後。

　　能夠活在媽媽的思念裡，是我腐爛身軀、寂寞靈魂目前僅存的一點安慰。

家暴自療30
——偉偉的黑色日記

在庇護中心待了幾天之後，媽媽一顆浮動不安的心漸漸沉澱了下來。

恐懼被驅離了，取而代之的是對未來的焦慮。

這一天，媽媽不顧阿姨的勸阻，決心回家收拾一些衣服及身分證明文件。

她刻意選在禮拜天，為的就是趁爸爸下南部看阿嬤的這段空檔，她有足夠充裕的時間可以進出家裡。

出發之前，媽媽特地撥了通電話回家，確定爸爸真的已經出門。

為了防止爸爸突然提早回來，媽媽也已經想好了一套保全之道。她臨走之前交代社工阿姨，如果到了吃飯時間她還沒有回來，就替她報警。

這些天以來，媽媽的心態已經有了明顯的轉變。要是從前，她一定不容許這種事情浮上檯面，家醜不可外揚，女人最重要的是丈夫，丈夫最重要的是面

子。女人不可以讓丈夫沒面子。

　　但是現在，媽媽已經拋開所有的顧忌。在庇護中心裡，她認識了許多和自己有相同遭遇的女人，知道女人要活得好，不一定要靠男人，不一定要靠婚姻。

　　媽媽懷著戰戰兢兢的心情請了鎖匠來開門，附近的鄰居都當她是熟面孔，沒有人知道她這次回來的目的。

　　太好了！我真希望媽媽把家裡每一樣東西都搬光光，我等不及要看到那個人回來以後不敢相信又無可奈何的表情。

　　然而，這種心狠手辣的事媽媽是做不出來的，她一輩子都講求厚道，買菜時若有哪個小販多送她一點蔥、一點蒜，她下次必定還會再光顧這一家。

　　「受到別人的恩惠，就要知恩圖報啊！」媽媽雖然書唸的不多，但是講起大道理可一點都不含糊，我想，這年頭還會把贈送的試用品、路邊發的廣告面紙

當作「恩惠」的，大概就只有她一個人了吧！

鎖匠開門的時間比預期來得長，好不容易進到屋子裡，已經是下午四點半了。

平時爸爸下南部，通常都會在五點左右回來，也就是說，她只剩下半個小時不到的時間。

媽媽一再告訴自己，她不是回來洗劫她的家，她只是來拿回屬於自己的東西。況且，這個房子裡根本沒有剩下什麼值錢的東西，她實在不需要因此感到罪惡。

媽媽的衣服本來就不多，好看的都被阿嬤拿下去煮了，剩下來的連個小皮箱都裝不滿。她只花費不到十分鐘的工夫，就把衣服通通裝進袋子裡整理好了。

比較麻煩的是身分證和戶口名簿。她一向是放在梳妝台最上層的抽屜裡，現在卻不知道被那個人藏到哪裡去。

媽媽站在曾經熟悉又陌生的房間裡，開始猶豫了起來。

現在走或許還來得及，她的時間剩下不多了。

但是少了這些文件，將來訴請離婚勢必遇到許多阻礙，一不小心，還會把爸爸失手殺了我的事情給抖出去，她是無論如何都不想見到那個局面的。

媽媽深呼吸一口氣，告訴自己這裡是她的家，她的行為並不算違法。只要冷靜下來再仔細找找，說不定很快就會找到了。

她在心裡替自己加油打氣，告訴自己不到最後一分鐘千萬不可以放棄。接著，她慢慢在腦海中過濾一遍爸爸可能藏匿她證件的地方。

爸爸個性乖戾，經常做出許多別人料想不到、措手不及的事。他以為自己這樣很聰明，沒想到聰明反被聰明誤，他的小聰明也同時是他的致命傷……

媽媽環視著屋子，想起從前在自助餐店工作時，有一位男性廚師送她一隻玩具熊，要她帶回去給我玩。原本人家只是出於一片單純的善意，沒想到這件事被爸爸知道以後，卻引起了軒然大波。

家暴自療30
——偉偉的黑色日記

　　他完全不動聲色，只是默默的在心裡策劃著。

　　就在玩具小熊陪我睡了一夜之後，媽媽就到處再也找不到那隻小熊，

　　一直到兩個月以後，家裡的馬桶堵塞，媽媽因而在馬桶的水箱裡發現了那隻小熊身上穿的衣服，以及滿滿一水箱泡了水的棉絮。

　　順著這個方向想，媽媽翻遍了床底、浴室、廚房各種不可思議的地方，當她終於在冰箱的冰格裡找到她的身分證時，牆上的咕咕鐘突然發出了聲響。

　　短針指著「5」這個數字，顯示那個人馬上就要回來了。

　　媽媽急沖沖的拾起袋子，套上鞋子，想立刻離開這個不安全的地方。我從陽台上看到那個人已經在家裡樓下停好了車子。

　　快走！媽媽快走！我希望我可以叫得出聲音。

　　媽媽走到了門口，她還有充裕的時間可以走下樓從另一個門口出去而不被他撞見，但是她像忽然想起

什麼似的，又再度轉身走回房間。

　　那個人用鑰匙打開了樓下的大門，我聽見「砰」一聲樓下大門被用力關上的聲音。

　　但媽媽似乎沒有聽見。

　　她拿起放在我床邊那台摔爛過又修補過的黃色模型汽車，愛憐的看了它一秒，然後把它放進她的手提袋裡。

　　完成了心頭的一件大事，媽媽快步走向家門口。

　　但是已經來不及了，門的那一頭已經傳來有人拿鑰匙開門的聲音。

　　急中生智，媽媽一溜煙就躲進離她最近的鞋櫃後面，還好她的身材夠嬌小，只要縮起身子，往下一蹲，鞋櫃就完完全全遮蔽了她的身體。

　　那個人進門以後，並沒有馬上察覺出任何異樣。

　　謝天謝地，他沒有走進房間，而是直接走進了浴室。

　　不久，我聽見嘩啦嘩啦的淋浴聲從浴室傳來，相

家暴自療30
——偉偉的黑色日記

信媽媽一定也聽見了。

因為她兩眼發光，身手矯捷的從鞋櫃後面鑽了出去，匆匆忙忙的想要奪門而出。

難得做壞事的媽媽實在太緊張了，開門的時候太用力，使得整扇門猛力撞擊到牆面，發出了好大的聲響。

我忍不住為她捏了把冷汗。

那個人聽到聲音，很快就想到發生了什麼事。

他趕忙抓了條毛巾從浴室裡衝出來，但是晚了一步，他只看到媽媽一閃而過的裙襬，和一扇敞開的鐵門。

冷風不斷從門外吹來，顯得這個冬天格外寒冷。

那個人就這麼佇立在原地，面對一屋子冷清，感覺自己像是被屏棄在全世界之外。

直到這個時候他才深刻的體悟到，他的兒子、他的妻子，都將永遠不會回來了。

接下來的一個多禮拜，媽媽在庇護中心交到了不少好朋友。

她們是一群有著類似經歷的婦女，有的含辛茹苦忍到孩子長大了，自己也老了才狠下心離開。有的不堪丈夫的長期虐待，拖著年幼的孩子連夜逃到這裡。來了又走，走了又回來，徘徊在家庭與自我之間，一糾纏就是好幾十年的也比比皆是。

媽媽這時才知道自己的孑然一身是何其幸運。

大夥兒聚在一起促膝長談是每天晚上固定上演的節目，隨著一次次訴說自己悲慘的遭遇，心裡的傷痛也會一點一點的減輕。

媽媽現在的心情和我當初遇到杰哥哥時是一樣的，我們都知道，這世上再也沒有人比面前的人更能了解彼此的悲傷了。

宣洩過後的淚水，嚐起來總會特別的甘甜。

這群人裡面年紀最大的阿姨已經五十多歲了，她

家暴自療30
　　——偉偉的黑色日記

的面容憔悴，看起來比我阿嬤還要蒼老。她說，她從年輕就一直被丈夫打到年老，為了讓孩子有個完整的家庭，她只得一直默默忍受，直到去年，她最小的女兒也嫁出去了，她才毅然決然的離開那個暴力成性的老公，希望在僅存的歲月裡，認真過過自己想要的日子。

　　「是啊！我本來也是想等到孩子大了再逃出來，但是我實在忍不下去了……」另一位阿姨聽了以後語帶哽咽的接口說：「他不只打我，還打孩子。要是我們做錯了什麼，那麼挨打我沒話講，但是我們什麼也沒做錯啊！心情不好就拿我們出氣，打得小孩滿身是傷以後又不准小孩上學，說是學校教得不好，其實是怕被學校老師看見小孩身上的傷。孩子的老師打電話來家裡我還得替他撒謊，這種日子真不是人過的。」

　　那位阿姨哭得泣不成聲，「我結婚十幾年，從來不覺得他有把我當人看，好的時候對我很好，壞的時候就根本不顧我的死活。後來，我覺得這樣下去不是辦法，就問我小孩，你要留在這裡還是要跟我走？他說他要跟我走。我告訴他，我們走了以後，可能會窮

到沒飯吃，還可能會有同學笑你沒有爸爸喔，你要自己想清楚。我小孩說沒關係，他寧可餓死也不要有這種爸爸。所以我們才收拾行李，和社工人員約好趁他不在家的時候逃了出來。」

在場的所有人都專心的聽著阿姨說話，只有媽媽面無表情、眼神空洞的望著窗外。

我知道這一刻她想起了我。

我好高興，媽媽終究沒有忘了我。

這場誠懇露骨的談話一直持續到深夜，大夥兒都哭累了才逐漸散去。

臨睡前，大家的腦子裡都浮現了同樣一個問題。雖然過去的痛苦告了一個段落，但是未來漫長的日子她們應該要怎麼過？

對媽媽來說，最近的挑戰就在明天。明天，她要和她的丈夫上律師樓辦離婚。

媽媽在電話裡說得很清楚，上法院只會抖出更多

不可告人的秘密，不如大家上律師樓好聚好散。要心平氣和的簽字還是把事情鬧大弄到有人要坐牢，就全在大家的一念之間了。

這段話，是媽媽絞盡腦汁一整夜，才寫下來一個字一個字照著唸的。雖然當時她緊張得全身肌肉僵硬，但她還是流暢的對著話筒把整篇稿子唸完，鎮定的語氣連她自己都不敢相信。

原來，她也是可以用這種平等的態度對待她的丈夫，也是可以用微薄的力量與丈夫抗衡，為什麼她以前不曾想到呢？

如果她早點用這種不卑不亢的姿態向爸爸說明心中的想法，那麼一切結果是不是會不一樣？

人生若是可以改變任何一點，結局就會大大的不同。

我們或許不能改變命運，但扭轉命運的那一個時間點，卻掌握在自己手中。

十一點整，爸爸準時到了律師樓。

　　見到了媽媽，他立刻跪倒在她面前，聲淚俱下的說：「拜託你……再考慮一下……我已經什麼都沒有了……請你不要離開我……不要離開我……」

　　唉！這樣的戲碼我和媽媽都已經看得不想再看了。不過，這次似乎演得過火了一點，鼻涕眼淚膝蓋全都派上用場，他在幹嘛？想要力拼最佳男主角獎嗎？

　　坦白說，我和媽媽仍然是感覺有些驚訝的，因為我們從沒有想過爸爸也會有這麼卑微的時候。

　　若是以前，媽媽一定會心軟，她會同情這個男人，會強迫自己洗去一切不愉快的記憶，答應他和他重頭來過。但是現在的媽媽，卻只是平靜的望著這個曾經重重傷害她的男人，心裡已經不再泛起任何一絲漣漪。

　　她又何嘗不是什麼都沒有了呢？痛苦太久了，她連眼淚都流乾了。

　　「再給我一次機會……我會改的，再給我一次機會。」那個人仍不放棄做最後的掙扎。

家暴自療30
——偉偉的黑色日記

　　媽媽居高臨下的看著他，曾幾何時，她也這麼苦苦哀求過他，哀求他不要動手，哀求他放過她一馬，然而到頭來，她又得到了什麼？

　　「不要這樣，沒有用的。我對你已經徹底死心了。」媽媽的語氣輕得像個幽靈，聽起來卻又如此沉重。

　　夫妻一場，她唯一能為他做的，就是永遠不把他犯下的錯誤說出去。即使紙包不住火，也許有一天所有的醜事都會被揭發，但至少，她不會是出賣他的那個人。

　　她用恩義，換取她的自由，但願爸爸能體會她的這一份苦心。

　　律師將一式兩份的離婚協議書分別交給爸爸和媽媽，從媽媽釋懷的笑容裡，我彷彿可以看見她當年披著白紗嫁給爸爸的模樣。人世太無常，走著紅毯的時候，誰曾想過自己的婚姻有一天會走上這一步？

　　快樂總是稍縱即逝，意外卻又來得太過突然。這是我來不及經歷的人生，但即使光憑想像也已經令人

失望。

離開律師樓以後，我在公園的籃球場上找到了杰哥哥。我需要一個能說說話、能治癒我內心傷痛的對象。

我告訴杰哥哥：「我爸爸媽媽離婚了。」

「那不是很好嗎？」他回答我：「你媽媽終於如願以償啦。」

「但是我好擔心我媽媽，你覺得一個離婚的女人會過得好嗎？」

「不管怎麼說，一個離婚的女人都會比一個挨打的女人過得好。」杰哥哥笑著說：「至少，她自由了不是嗎？」

「那又怎麼樣，自由又不能當飯吃！」我訕訕的說。

「但是她卻可以因此而省下一大筆醫藥費，這樣難道不好嗎？」

兩個禮拜的期限到了，媽媽離開庇護中心，轉進了中途之家。

中途之家的空間很小，床位也不夠，但這是剛離開家的婦女最需要的一個容身之所。

媽媽只打算在這裡待上一陣子，等到工作穩定之後，就到外面租間小套房，把床位讓給更需要的人。

社工阿姨幫媽媽找到了一份超級市場收銀員的工作，工作內容只需待在櫃檯替顧客結帳，偶爾接聽一下電話，表面上看似輕鬆，但對媽媽來說卻很吃力。

她已經和社會脫節太久了，過去這些日子，她所接觸的地方幾乎只有家裡和菜市場而已。

就連上菜市場，她也只能光顧固定那幾個攤子，因為爸爸擔心她認識的人多了，就容易被「帶壞」，因此嚴格規定她只能和某幾家攤子的人打交道，萬一哪一天某家攤子沒開，媽媽買了別攤的東西被爸爸發現了，他就會把買回來的那些菜剁碎，然後撒在媽媽的

枕頭上。

那一段恐怖的日子，直到現在回想起來心都還隱隱作痛。

媽媽不禁納悶：自己當時究竟是怎麼撐過來的？

她眞應該早一點覺悟。

簡簡單單的一台收銀機在媽媽手中成了不聽使喚的怪物，又要應付那些惱人的鍵盤，又要點收鈔票找零錢，有時發票用完了，還要在大排長龍的客人面前用最快的速度換上新的一捲，媽媽忙得手足無措，一整天下來，只覺得挫折連連。

下班之後，她哭著回到庇護中心，要求社工阿姨替她找一份只要洗碗掃地的工作。

社工阿姨告訴她，妳現在一個人出來生活，房租、伙食的開銷都不少，單憑洗碗掃地的工作，經濟壓力會很大，況且妳的手臂受過傷，不能長期從事勞動的工作。趁著妳還做得來的時候多學一點東西，將來多個謀生的技能不是很好嗎？

家暴自療30
　　——偉偉的黑色日記

　　社工阿姨一直勸導媽媽要勇敢接受新的挑戰。媽媽受到了鼓舞，才勉為其難的答應再做幾天試試看。

　　雖然她還是時常出錯，但是她漸漸領悟到，犯錯沒有關係，只要及時補救就好。

　　一個月以後，媽媽已經可以一面接聽電話一面替客人結帳了。

　　媽媽上班的時候，我只好一個人四處遊盪。

　　我很想叫杰哥哥教我一些新的遊戲，但是他要忙著追蹤當年綁架他的兇手，又要回家探望他的家人，實在沒有那麼多時間陪我。

　　即使偶爾聚在一起的時候，杰哥哥也把大部分時間花在教我讀書。他說，唸書比玩樂重要多了。

　　我對這一點倒有不同的看法。

　　「唸書做什麼？反正我都已經死了！」我很想玩，所以不高興的抱怨。

　　「就是因為死了，所以才要多讀一點書啊！難道你

不想多認識一下活人的世界嗎？」

「認識了又有什麼用？那都已經不是我的世界
了。」

「但你仍然是來自那裡，多知道一點，也許將來上
了天堂以後，你可以少牽掛一點。」

天堂？真的會有天堂嗎？我已經越來越不相信它
的存在了。

但是寫下這段話的同時，我很感謝杰哥哥當時逼
我讀書。因為讀書，我才有機會認識國字。因為讀
書，我才有能力寫下這些文字。因為讀書，我接觸到
了我來不及認識的世界。因為讀書，我得到了一種心
靈的撫慰。

讀書並沒有想像中那麼無趣，翱遊在書本的字裡
行間，我幾乎要有一種仍然活在世上的錯覺。

讀書也使我成長，使我懂得使用大腦，閒來無事
的時候，我經常和杰哥哥一起躺在草地上看天空中的
白雲，思索一些有深度又不太複雜的問題。

家暴自療30
　　——偉偉的黑色日記

　　我們最常討論的一個話題就是，「如果我們沒有死，那我們要做些什麼？」

　　「我要飆車飆到整台車飛起來。」杰哥哥說。

　　我提醒他，「你現在不就已經飛起來了？」

　　「笨蛋，我們現在說的是『如果我們沒死的話』，請你專心一點融入情境好嗎？」他瞪了我一眼。

　　然後輪到我了，我說，「我要吃麥當勞最大包的薯條、吃最大份的漢堡、喝最大杯的可樂！」

　　在我生前從來沒有機會吃到這些，我吃到的頂多只有兒童餐而已，而且還是只有生日的時候，媽媽才會破天荒的帶我去吃這些昂貴又吃不飽的速食店。

　　遊戲持續進行，我們想到什麼就一一列舉出來。

　　「我要打電動打到手抽筋！」

　　「我要騎腳踏車騎到屁股爛掉！」

　　「我要去找我喜歡的女生，在她臉上用力啵兒一下。」

　　「我要去找我媽媽，在她臉上用力啵兒一下。」

「……」

「……」

沉默。好長的一陣沉默。我不知道自己說錯了什麼，但是杰哥哥沒有再接下去說。

天上的雲靠近了又散開，散開了靠近，我和杰哥哥始終一句話也沒有說。

我聽見旁邊傳來微弱的抽泣聲，那個聲音很小，而且只有一聲，但是我還是聽見了。

是杰哥哥在哭。

一向瀟灑不羈的他居然也會傷心流淚？

這一刻我才明白，原來不能接受自己已死這個事實的不只我一個人。我們都只是很盡力在演戲，以為裝出無所謂的樣子，就能真的覺得無所謂，不知道謊言其實是撐不到天亮的。

「我們是不是永遠都回不了家了？」我憂戚的說。聽起來像一個問句，更像是一聲嘆息。

「那已經不是我們的家了。」杰哥哥殘忍的道出了

這個事實，對我說，也對自己說。

「你知道嗎？我被綁架的那一天，是我媽媽的生日
……」

那個生日蛋糕，一直都被他媽媽擺在冰箱裡。他
媽媽直到現在都還相信，她兒子終有一天會回來陪她
切蛋糕。

然而，回不去了。

人死不能復生，死去的人永遠不可能回到活人的
世界。

雖然我還沒嘗盡人間的喜怒哀樂，但是我已經曉
得什麼叫做生離死別。那意味著：一切都不會再和從
前一樣了。

媽媽在領到第一個月的薪水後搬出了中途之家，她在工作的超級市場附近租了一間八坪大的小套房。

房子很小，一進門的右手邊是兩塊褟褟米，左邊則擺了電視機和沙發。再往屋子裡走兩步，就來到了開放式廚房。

其實所謂的開放式廚房，只不過是一條兩公尺長、一公尺寬的流理台而已。流理台上有一部老舊的抽油煙機，一啓動就會發出震耳欲聾的噪音，但這並不能阻止油煙在整間屋子裡竄動，只要一炒菜，沙拉油的氣味就會繞樑三日，屢試不爽。自從搬進這間屋子以後，媽媽再也沒有吃過水煮以外的東西。

廚房的旁邊是冰箱，冰箱後面是浴室。踏進浴室以後，只能在原地轉圈，再往前多走一步，就會一腳直接跨進浴缸裡。

媽媽花了一整個假日把屋子打掃得煥然一新，這個房子除了解決了住的問題之外，還象徵著一個嶄新

的意義，那就是：媽媽終於可以任意支配自己賺的錢。她總算做了自己生命的主人。

這樣的日子看起來雖然光明，但是媽媽臉上卻仍堆積著陰鬱。

她假裝自己已經忘了我，卻從來沒有一刻可以真正把我忘掉。

她最怕遇到同事問她「你結婚了沒有？」「有沒有孩子？」「怎麼找到這份工作的？」……類似這樣的問題。

她的內心藏著一處傷口，一碰就疼，一觸即發，久久難以癒合。

她告訴人家說：「我是朋友介紹我來的。」

這是社工阿姨幫她想好的一套說詞，媽媽不是個會說假話的人，因此總是語焉不詳的帶過。她告訴人家她沒有結婚，也沒有孩子，然後緊緊閉上眼睛，用力在腦海裡抹去我的影子。

只是，她仍沒辦法忽視掉我曾經存在過的事實。

每當她看見有母親帶著小孩上超級市場買菜，她

的心裡就會泛起一陣刺痛。遇到來買糖果或玩具的客人，她會想：那一定是買給他的小孩吃的。接下來，她就會想到自己曾經擁有的那個孩子。

在路上看到孕婦，經過學校門口時聽到小孩的嬉鬧聲，這些都不斷提醒她孩子曾經存在的事實。她想念我，更覺得對不起我。身為母親的她只能眼睜睜的看著我被打死，看著我流血，卻什麼也不能做，甚至在我死後，連想埋葬我的屍體都無能為力，她還配當一個母親嗎？

「要是我早點離婚就好了……要是我早點離婚就好了……」自責之後，媽媽心裡總會浮現出這樣一句話。她一直以為離婚很不容易而且很不光彩，所以甘心一輩子活在丈夫的魔掌之下，保全一個不幸福但完整的婚姻。直到簽下離婚協議書的那一刻，她突然感到一陣海闊天空。

她現在是個離過婚的女人，但那又怎麼樣？

有了其他人的幫助，有了社會的資源，她依舊可以靠自己的力量養活自己，依舊可以抬頭挺胸無畏無

懼的做人。

　　如果我還在世，我們可以母子同心相依爲命的生活，如果……如果我還在世的話。

　　媽媽搖了搖頭，像是想甩掉這個不愉快的想法。生活已經夠艱苦了，她還沒有多餘的精力可以整理自己的心緒。她把全部的心血投注在工作上，一心一意要把這份工作做到最好，因爲工作可以提醒她，自己的生命還有一點價值，她的未來還有一點希望。

　　不工作的時間反而成了媽媽最難熬的時光，她無法阻止不把自己埋在後悔的漩渦當中。

　　除了出門前匆匆忙忙的一瞥之外，媽媽幾乎從來不照鏡子。她不能忍受看到鏡子裡那個活生生的軀體，她想問她：妳兒子是被妳的懦弱害死的，妳還有什麼資格站在這裡呢？

　　如果媽媽肯多點時間照鏡子，她也許會發現我就在她身邊，一步也不曾離開過她。

伴隨濃濃罪惡感而來的，是寂寞。

從前媽媽忙著照顧我，忙著照料這一個家，我們一起躲爸爸的拳頭，一起想辦法平息爸爸的怒氣，日子過得不快樂卻很充實。如今媽媽只剩下一個人，不管快樂不快樂，那都是她自己的，沒有人可以分擔，也沒有人可以分享。

每天下班以後，獨自一個人面對空蕩蕩的房子，她總不禁感嘆這樣的人生還有什麼意思。她不是不願意多認識一些朋友，只是她的過去使她自卑，她已經變得沒辦法和一般人一樣暢所欲言。

和陌生人在一起，媽媽總是不知道該說些什麼，絞盡腦汁弄得自己很狼狽，到頭來別人接近她的目的也只是想推銷她東西賺她的錢。這樣的狀況遇多了，漸漸的，媽媽自然也就放棄交朋友的念頭了。她寧可獨自一個人待在家裡，沒事可做，但至少可以不用勾心鬥角。

偶爾，她會回去庇護中心找社工阿姨們聊天，雖然每次去她們都會展現誠摯的歡迎，但去得太多太頻

繁，媽媽卻會覺得不好意思。她認為別人也有自己的
家庭和生活，能夠撥出時間關心她已經很難得了，她
不想習以為常，也不想成為任何人的負擔。

　　就這樣，媽媽一天比一天憔悴，也一天比一天不
快樂。

　　有時候她會問自己，這麼辛辛苦苦和爸爸離婚是
為了什麼？是為了獨自面對一屋子滿滿的寂寞嗎？

　　人總是需要一個伴侶的。寂寞到不能再寂寞時，
媽媽的內心深處會興起一個「回家」的念頭，但她很
快又遏止自己不要朝那個方向想，不過是寂寞而已，
沒有什麼大不了的，她絕不能因為這樣就被擊倒。她
可是好不容易才盼到今天、盼到自由的，絕對不能重
蹈覆轍，再回去過那種擔驚受怕的日子。

　　寂寞，寂寞總會過去的，不是嗎？

小的時候我不喜歡吃飯,一口飯吃進去,我總會把它含在嘴裡老半天,就是不肯動牙齒咀嚼。對當時的我來說,澱粉甜甜的滋味比飯裡黏黏的咬勁要好吃太多了,但是大人可不管我是怎麼想的,他們一點兒也不支持我選擇的進食方法,我經常為了這種事而挨打。

打在兒心,痛在娘心。媽媽為了不讓我挨揍,每次吃飯的時候都會用右手拿筷子,把左手放在我的下顎,隨時檢查我有沒有在咀嚼。

這麼多年來,這種姿勢已經成了我們母子倆固定吃飯的模式。我出事以後,媽媽幾乎不知道該怎麼一個人吃飯,我看到她用一隻手拿著筷子,把另一隻手隱藏在裙子下面,她不想看到自己的左手,不想讓自己記起她有過一個兒子的事實。

基於如此,媽媽向超市經理自動請纓去上大多數人都不喜歡上的中班和晚班,因為她實在不想一個人面對吃飯這件事。在超級市場裡,至少會有一、兩個

同事和她一起吃飯，大家說說笑笑的，時間一下子就過去了。

　　就算是臉上帶著微笑，媽媽的神情看起來也很落寞。我真想過去告訴她：「沒事了，沒事了。我很好，妳也一定要好好過下去。」

　　我的話散佈在空氣中，卻始終無法飄進媽媽的耳朵裡。知兒莫若母，媽媽難道無法感受到我的心意嗎？

　　我去世滿一週年那天，媽媽去廟裡上了香，請求神明代替她照顧我。當時我站在廟門口，多希望死者也能有一間廟宇，一個可以和上面溝通的地方。我不在了，有誰可以替我照顧媽媽呢？除了神明以外，我已經想不出第二人選。

　　然而，上天似乎總是有祂自己的安排。

　　春節過後的那段日子，正是超級市場減價的熱門時段，各家超市莫不使出千奇百怪的促銷花招，吸引

更多的客人上門。

　　客人一多，生意一好，工作人員自然是忙得人仰馬翻。那陣子，媽媽忙得不亦樂乎，每分鐘都有做不完的事情等著她去做。除了基本的結帳工作之外，她還多了一樣新工作，就是必須在每天下班之前，確認隔天的促銷商品，在架上掛個醒目的紙板吸引客人注意。

　　這天的促銷商品是蕃茄汁，媽媽搬了鐵製的梯子來到飲料區，想要把特價的吊牌掛在架子上面的天花板。

　　我看見媽媽努力把頭抬得老高，拿著「蕃茄汁 特價六瓶一百」的吊牌的雙手也吃力地在空中擺盪，原本就瘦弱的媽媽站在高處看起來更加弱不禁風，我真擔心她會不小心失足墜地。

　　都怪我烏鴉嘴，意外就在這個時候發生了。

　　不過不是媽媽掉下來，而是她手中的那塊大吊牌掉了下來，不偏不倚，正巧砸到了當時正路過的一位客人頭上。

家暴自療30
——偉偉的黑色日記

這下子「代誌大條」了!

得罪客人,飯碗恐怕不保。媽媽三步併做兩步的爬下梯子,我有些驚訝,我媽媽一向沒什麼運動細胞,從前連跑步都跑不贏我,我從來不知道她必要時動作可以這麼靈巧。

媽媽看起來一副快要哭出來的樣子,不斷關心著客人的傷勢並且準備好要接受客人的投訴。

「對不起……對不起……」除了一再重複這三個字,她的腦袋裡再也擠不出別的字句。

那位客人是個中年男人,穿著白襯衫和藍色的背心,有點像是以前住在我們家樓下當老師的王伯伯,但是他看起來比較年輕,也不像王伯伯老是一副兇巴巴的樣子。

這位先生看起來很溫柔,而且……還有點眼熟。

他的頭被吊牌的角擦破了一小塊皮,看起來好像很痛,但他一句抱怨的話也沒有說,只是撿起吊牌,問媽媽要吊在哪裡,接著就沿著鐵梯爬到空中去了。

媽媽站在樓梯下看他表演,不敢相信世界上竟會

有這麼善良的人。

　　她並不常接受別人的好意，現在心裡縱使有再多的感激，說出來的也只有簡單的一句「謝謝」，只有我知道，媽媽這一刻的心情其實是多麼的澎湃。

　　那位客人接受了媽媽的道謝以及她遞給他的衛生紙後，沒有多說什麼，就朝通道的另一頭走掉了。

　　我看見媽媽扶著鐵梯在原地發楞了半天，我也跟著發楞了好久。

　　接下來的幾天，媽媽的生活開始有了新的期待。

　　那位好心的叔叔總會在十點多快十一點的時候出現，那也正是超級市場即將打烊媽媽快要下班的時候。

　　意外發生的隔天，那位叔叔來到媽媽職守的櫃檯結帳。他買了一瓶洗髮精，一罐醬油，幾包泡麵還有特價六瓶一百的蕃茄汁。

　　媽媽看見是他，想起了前一天晚上發生的事，不免覺得有些不自在。

家暴自療30
——偉偉的黑色日記

　　她始終低著頭兀自完成她的工作，收錢、找零、開發票、替客人裝袋……，突然，有人把一袋蕃茄汁遞到了她的眼前，「這是送給妳的，妳貧血，需要補充一點鐵質。」

　　等到媽媽才反應過來的時候，那位客人已經走出超市門口了。

　　當天晚上，媽媽喝著蕃茄汁，心裡湧起了一陣陣暖意。

　　我感到有些失落，因為這是第一次媽媽在進食的時候想的不是我。但是另外一方面，我也替她感到高興，因為我能夠帶給媽媽的只是無盡的傷痛，那人卻能真真切切的令她感到溫暖。

　　同樣的事情連續幾天重複上演。

　　「這袋柳丁是送給妳吃的，妳感冒，需要補充一點維他命C。」

　　「這袋蘋果是送給妳吃的，妳太瘦了，需要補充一

點營養。」

「這袋葡萄是送給妳的，妳……妳……反正妳吃就對了。」

從那時候起，媽媽家裡的冰箱擺滿了源源不絕各式各樣的水果。

「中年男子大獻殷勤」的消息在超級市場裡傳得沸沸揚揚，媽媽更是成爲這項八卦的女主角，但這也沒什麼不好。同事們看到她已經不再談及她的家人、孩子什麼的，而是劈頭就調侃她：「怎麼樣？到底對人家有沒有意思啊？」

有沒有意思？其實她自己也不知道。

她才剛經歷過一椿悲劇，沒有那種心情風花雪月，也從來沒想過這種事會發生在她身上。

媽媽告訴自己不要想太多，但是那位先生看起來慈眉善目、笑容可掬，想起他的時候，她可以暫時忘卻過去的悲痛，暫時忘卻她曾經有過一個兒子。她實在需要一個「可想」的人。

不管會不會有進一步的發展，先做個朋友總行了

吧！社工人員也告訴她，她應該多交一些朋友。況
且，自己吃了人家那麼多水果，總該表示一下謝意，
媽媽一再說服自己，她只是回報人家而已，一點也沒
有別的意思。

　　像她這樣的一個女人，怎麼還可以有其他的奢
望？

　　這一天，當那位叔叔把一顆西瓜遞到媽媽面前
時，她終於鼓起勇氣對他說：「先生，這個禮拜六你
有空嗎？我……我想請你吃頓飯。」

　　從吊牌意外發生至今已經三個多月，他們終於交
換了名字和電話號碼。

　　我看見那位叔叔交給媽媽的字條上寫了一排數
字，還有「柯元昌」這三個大字。

　　緣份真是一件奇妙的事，當時他們兩人都不知
道，其實他們早就曾經在茫茫人海中相遇過了。

媽媽和柯叔叔約在一家民歌西餐廳吃飯。這幾年這樣的店像雨後春筍般不停的冒出來，但是媽媽一直沒有機會去吃。

柯叔叔是圖書館的管理員，四十多歲，還沒有結婚。

「為什麼還不結婚？」媽媽好奇的問。

「因為沒有遇到合適的對象。」

「那孩子呢？你也不打算生小孩嗎？」

「有沒有小孩有什麼關係？這個世界上還有很多可愛的孩子啊。」

柯叔叔是山區一家孤兒院的義工，每個星期日他都會去那裡帶小朋友玩遊戲，或是說故事給小朋友們聽。

他問媽媽這個星期天要不要和他同行，媽媽聽到這項邀請，先是楞了一下，接著感到有些侷促不安。

一方面是為自己引出了這個話題感到不好意思，她平時最害怕別人問她「結婚生孩子」的，怎麼這會

家暴自療30
　　──偉偉的黑色日記

兒她反倒盤問起別人來了呢？

　　另一方面，她想起了我。

　　也許做個孤兒院的孩子都比生在暴力家庭要來得
幸福。

　　媽媽以要上班爲由婉拒了柯叔叔的邀請，她的表
情看起來心事重重，柯叔叔很體貼的立刻轉移話題，
向媽媽介紹他上班時發生過的一些趣事。

　　這眞是媽媽笑得最多的一天了。

　　和一般人不同，柯叔叔從來不過問媽媽的私事，
只是很竭盡所能的逗她開心。

　　一直到吃完飯後，柯叔叔送媽媽來到家門口，他
才開口問了一句：「妳自己一個人住嗎？」

　　媽媽驚訝的反問：「你是怎麼知道的？」

　　「因爲妳看起來很寂寞，不像有人在家等妳的樣
子。」

　　柯叔叔還沒有發現，正是媽媽臉上那種寂寞的神
情，深深觸動了他自己的心靈，令他不由自主的想給

這個寂寞的女人多一點關心。

「我……我上去了。」

雖然有種被人了解的感動，但她也有種被人看穿的擔憂，為了避免接下來還會有更多的問題要應付，媽媽急急忙忙找了個藉口脫身。

「那……我不送了，妳自己小心一點。」柯叔叔禮貌的退後了一步。

他站在路燈下，默默的目送媽媽上樓，一直到媽媽住的那間屋子的燈亮起，他才轉身朝巷口的方向走去。

這種不越界的關心，正是媽媽當前所需要的感覺。而感覺仍繼續蔓延……

星期一，一切生活又重新上了軌道，媽媽依舊早出晚歸的上班，柯叔叔也依舊在每天打烊的時候來報到。

為了回報柯叔叔美味的水果，媽媽也在下班後的空檔自己動手做了些包子饅頭回送給柯叔叔。

　　這下子，媽媽更是忙碌得連想我的時間都沒有了。

　　「這就是戀愛嗎？」我問杰哥哥。

　　他聳了聳肩，回答我說：「你問我我問誰？大人就算在談戀愛，他們也不會承認自己談戀愛的。我看報紙上的八卦新聞都是這麼寫。」

　　媽媽在談戀愛嗎？我不知道。我只看見她無論是上班的時候、下班的時候，甚至燒開水、洗衣服的時候，嘴角都會帶著淺淺的笑意。

　　原來愛情是這麼使人開心的東西，但是為什麼爸爸卻沒有辦法讓媽媽臉上露出這種開心的微笑呢？難道他們之間存在著的不是愛情嗎？

　　如果不是愛情，那又是什麼？

　　還有什麼能讓媽媽即使被打得遍體麟傷，都還心甘情願的保護著那個動手打她的人呢？

　　媽媽和柯叔叔若有似無像朋友又像情人的關係就

這麼持續了好幾個月。

　　他們偶爾一起出去吃飯，一起到家裡附近的公園散步，在旁人眼中他們早已是一對，但如果你問他們，他們又會說：「沒有啊！我們只是朋友。」

　　媽媽以前總是教我「做人要誠實」，但是在愛情面前，好像誰也沒有辦法誠實。

　　我有時候會看到柯叔叔偷偷牽起媽媽的手，媽媽的心跳雖然變快了，但她還是假裝什麼也沒有發生。每次看到這裡，杰哥哥就會矇住我的眼睛要我不准再看，他說的那句成語是什麼來著？

　　好像是……是什麼「非禮勿視」，意思是說偷看是一種不禮貌的行為。雖然杰哥哥教訓起我來頭頭是道，但是我看到他自己卻目不轉睛的一直在偷看。

　　媽媽只告訴柯叔叔她離過婚，其餘什麼事情都沒有說。

　　她到現在還是認為被丈夫凌虐是一件很丟臉的事。在她的想法裡，一個女人如果真的夠好，她的丈

家暴自療30
　　——偉偉的黑色日記

　　夫又怎麼會捨得打她呢？

　　重建自信是一個漫長的過程，不管媽媽怎麼努力想揮別過去的陰霾，她也無法讓自己不去鑽牛角尖。

一連下了好幾天雨，到了周末好不容易終於放晴。

媽媽和柯叔叔正準備一同出門去採買一張椅子，她想要在沙發前擺張墊腳用的椅子，那樣在超級市場站了一整天回家之後，兩隻腳可以得到充分的休息，有時柯叔叔來家裡和她一起吃飯的時候，才有多一張椅子可以坐。

家裡的沙發很小，他們過去都是一個人坐在沙發上，另一個人坐在地板上，而坐地板的那個人總是柯叔叔。

或許是昨天晚上沒有睡好，今天不知道怎麼著，打從早上起來就一直心神不寧，左眼皮不停的跳，好像有什麼事即將要發生……，媽媽努力壓下心裡那股不祥的預感，她告訴自己：有柯先生陪著妳呢，妳在擔心些什麼？

我知道媽媽的憂心其實是有道理的，因為我遠遠就看見一個熟悉的身影從對面的馬路朝他們兩人走

來。那個人像隻獵豹一樣，早已潛伏在媽媽身邊伺機
而動一段時間了。正當柯叔叔偷偷牽起媽媽的手的時
候，說得遲那時快，那個人從他們身後一躍而出，一
把抓住媽媽沒有被握住的那一隻手。

「走！跟我回去！」是爸爸，他用力過猛的手勁使
得媽媽手腕一陣發麻。

「幹什麼？我們都已經離婚了，我和你之間已經沒
有任何瓜葛了。」媽媽嗚咽的說。

她的惡夢終於成真了。

「先生，你冷靜一點……」柯叔叔想保護媽媽，但
是話還沒說完，就被那個不講理的人一拳擊中鼻樑。

鮮血從柯叔叔的鼻子滴下來，媽媽看見了受傷流
血的柯叔叔，同時也看見了躺在血泊中奄奄一息的我
……

「不要打他！不要打他……」媽媽像發了瘋似的，
近乎歇斯底里的哭喊，「不要打他，不關他的事……
你要什麼我都照做就是了……」

還好柯叔叔也不是省油的燈，他很快就從地上爬

起來，一個轉身，便把爸爸的雙手都扭到身後。

爸爸痛得大叫一聲，只得心不甘情不願的放開媽媽。

「你要自己走，還是我報警抓你走？」柯叔叔語氣平和的說，但任何人都可以聽出他口中的威脅之意。

「哼！算你狠！」爸爸知道自己處於下風，但他還是不放過張牙舞爪虛張聲勢的機會。

他目露凶光的對著媽媽說：「別以為你這樣就能離開我，我告訴你，不管你走到哪裡，我都會找到你！」

每當想到這一幕，媽媽的身子就忍不住顫抖，她很慶幸事發當時有柯叔叔陪在她身邊，但是她也想到：要是哪一天柯叔叔不在了，只剩下她一個人，她該怎麼辦？

「那就報警。」柯叔叔不愧是除了我之外最了解媽媽的人，他馬上看出了媽媽的心思，對她說：「如果他再來騷擾妳，妳就立刻報警。這種人千萬不能縱

容，妳聽從他一次，他就一定會再來第二次。相反的，只要你給他一點顏色看看，他就會知難而退了。」

我想起過去每次挨打的情形，那個時候的我還太小，不懂得什麼叫做「給他一點顏色看看」，換做是現在，我一定不會再縱容他打我和媽媽，我會使出全力反抗，雖然我們自己沒有能力反擊他，但是召集鄰居、老師、警察，總有能力了吧！

我要讓他知道，這個世界不是他想怎樣就怎樣，除了父子天倫，這個世界也還有公理，還有正義，還有許許多多像柯叔叔那樣的人。

雖然我恨他，但是我畢竟是他的兒子，不小心遺傳到他的性格，我們都一樣吹牛皮不打草稿，一樣等到敵人走了才敢大聲喊勇。想到這裡，我不禁嘲笑我自己，人都已經死了，還提什麼壯志未酬，簡直是癡人說夢。為什麼我不早點領悟到這一點呢？如果我和媽媽都不縱容他打人，那麼我是不是就可以不用死？

人非草木，無情的背後，總有一個原因。

買椅子就這麼暫時作罷了，因為媽媽還有更重要的事要做，她正忙著搬家。

不管柯叔叔怎麼好說歹說，勸她對付惡勢力不能用這種方式，這樣一味躲藏只會更加助紂為虐，讓對方更加囂張跋扈、為所欲為，但媽媽還是一個字也聽不進去。

她擔心那個人會在她沒有防備的時候突然出現在她身邊，當務之急，是找個安全的地方把自己藏起來。

柯叔叔拗不過她，只好轉而支持她的決定。

他看著這個可憐的小女人，心裡湧出了一股同情。那不是對普通朋友的同情，而是對一個他所愛的人的同情。

他回想起那天他們兩人倉皇的逃回家之後，媽媽坐在褟褟米上仔細的幫自己檢查傷勢，他的鼻子被打腫了，臉上也被指甲刮傷了一大片，泛出淡淡的血痕。

家暴自療30
——偉偉的黑色日記

「對不起，你一遇到我就老是沒好事。」她自責的說。

「這怎麼能怪你呢？是因為我長得太帥了，所以才遭人忌恨罷了。」

他想逗她笑，可惜沒有成功。

她仍是愁眉不展，鬱鬱的說：「現在……你知道我是個多麼不堪的女人了吧！」

「不要這麼說，你只是嫁錯了人而已，又不是殺人放火，沒有什麼大不了的。」他故意把話說得很輕鬆。

「但是……我總覺得是我自己不好，否則，為什麼被虐待的是我而不是別的女人？一定是我什麼地方做錯了……」

他打斷了她的話，對她說：「那不是妳的錯。妳想想看，自從妳離開他之後，不是也一直過得很好嗎？這就證明了，那不是妳的錯。」他再一次緩慢的說出肺腑之言，表情堅定而真摯。

上天終究還是應允了我的請求，賜與了一個能夠

代替我照顧媽媽的人。我看見媽媽張開雙手，緊緊的抱住了柯叔叔的肩膀，像在風雨裡飄盪的小船，終於找到了可以依靠的港灣。

於是，我在這個時候離開了房間，想留給他們兩人一點私密的空間。

兩個禮拜之後，媽媽搬到了淡水郊區的一間小公寓，這裡的房價便宜，又和原本居住的地區差了十萬八千里，媽媽可以很放心的住在這裡。

為了擔心再次被爸爸找到，媽媽也辭去了在超級市場的工作，她不想冒險讓自己處於危機之下，也擔心這個危機可能會再度連累到她身邊的人。那是她最不願意見到的事。

辛苦了這麼久，轉眼間又要重頭開始，媽媽雖然徬徨卻不感到害怕。她已經比從前多了一些自信，也多了一些工作的經驗，知道自己並不像丈夫口中的那麼一無是處。走入了社會以後，她不再覺得社會像隻會吃人的老虎；相反的，新生活反而為她帶來了一些

新鮮感。

　　淡水海邊和煦的陽光，令她的心情也跟著明亮了起來。

　　才剛剛搬到新居，一切都還亂糟糟的。媽媽一邊打理家務，一邊回想起爸爸來尋仇的那一天。

　　那一天晚上，她終於把積壓已久的心事對她身邊的男人吐露。

　　沒錯，她曾經是個受虐婦女，她曾經被丈夫打、被丈夫凌虐，連她自己都沒有辦法接受這樣的事實了，旁人又怎麼能接受這樣一個女人呢？他們只會瞧不起她吧。

　　但是柯叔叔扭轉了這一切，他告訴她：「那不是她的錯。」

　　是他讓她相信，她可以過得比從前更好；是他讓她知道，她也可以擁有不同的人生。

　　他是她黑暗中的一把燈火，有了這盞燈火，以後的路也許會好走一點。

　　她由衷的相信命運，也相信緣份。

　　如果說她前半生所受的苦都是命，那她現在的幸運是不是也是註定的呢？

　　搬家的那一天，媽媽和柯叔叔兩人忙到半夜三點多才好不容易告個段落，她想到廚房倒杯茶給柯叔叔喝，出來的時候卻發現柯叔叔已經累得倒在沙發上睡著了。

　　她望著柯叔叔熟睡的側臉，默默感謝上蒼的恩賜。

　　這些日子以來，她仰仗他的程度已經大大超乎了自己所預料。雖然她一再告訴自己不要輕易沉陷，但卻發現自己的心早已不聽使喚。

　　吃過太多次男人的虧，上過太多次男人的當，媽媽已經變得非常小心謹慎，深怕再有一絲一毫的差池。

　　她知道自己破碎的心已經無法經得起任何一點打擊，但她也同時發現，自己從來不曾像現在這般，如此深深的愛上一個男人。

家暴自療30
　　——偉偉的黑色日記

　　媽媽輕輕替柯叔叔蓋上棉被，最黑暗的日子已經過去，如果可以，請讓這盞燈火永遠不要熄滅好嗎？

　　一直到後來的某一天，媽媽才終於領會到了老天爺的幽默。

　　當時她正在對柯叔叔說她離家出走的經過，繪聲繪影，講得好不生動。她說這些往事的時候像在說別人的故事一樣，媽媽驚訝的發現自己居然可以這麼平心靜氣的回顧過去。

　　這表示她已經成長了，也已經徹底解脫了。

　　說到她冒雨坐上公車那一段時，柯叔叔突然驚叫了一聲，他敲了敲自己的腦袋，恍然大悟的說：「原來妳就是那天在公車上昏倒的女人！」

　　「你怎麼知道？」媽媽想了想，也用同樣又驚又喜的口吻說：「你姓柯！你就是那天送我上醫院的男人！」

　　柯叔叔拼命點頭，他們的喜悅之情溢於言表。

　　「我後來向護士問過你的資料，但是她們沒有一個

人知道。」媽媽說。

「我看見妳沒有穿鞋，所以就跑去幫妳買一雙布鞋，但是我回去醫院的時候，護士說你已經轉去普通病房了，我不是家屬，所以他們不能向我透露病人的資料。」

媽媽開心極了，冥冥中，一切都有它的道理在。

她原本以為自己走到了絕境，沒想到是柳暗花明又一村，她經歷了天倫慘劇，卻因此有勇氣重獲自由，她的前夫陰魂不散，但也因為如此考驗也鞏固了這段剛萌芽的感情。

她還有什麼好不滿足呢？

她有滿滿的心事，特別是關於我的事，很想一股腦兒全都說出來讓柯叔叔知道，但媽媽終究還是沒有開口。

這個男人或許值得信任，然而她不信任的，是她自己。

歲月不管對待死人還是活人都是一樣的不寬容。

不知不覺，十年的時光一下子就過去。如果我還在世的話，現在已經國中畢業了。

這幾年之間，柯叔叔好幾次向媽媽提出求婚，但是媽媽遲遲不肯點頭。她好不容易才從婚姻的囚籠裡逃出來，實在沒有勇氣再踏進去。

我想柯叔叔是真心喜歡媽媽的，因為他一直也尊重她的決定，每次求婚被拒絕了以後，他想的只有該如何捲土重來，還有，媽媽若是一直都不肯答應嫁給他，萬一哪天他先走了，誰來照顧她呢？

十年的光陰使媽媽從一個少婦變成了不折不扣的中年人，她換過幾個工作，但收入一直很微薄，扣除日常生活開銷之後，剩下來的一點點零頭連加個菜都嫌不夠，但是媽媽一向都知足常樂，她把省吃儉用存下來的錢在今年農曆年的時候買了一件開司米的背心送給柯叔叔。

　　如果我還在世的話，媽媽一定也會對我這麼好。
我看著媽媽看柯叔叔的眼神，多麼希望穿上那件背心
的人是我。

　　夏天的時候，媽媽找到了一個新工作，朋友介紹
她到一位醫生的家裡幫傭。

　　這戶人家有一個剛滿十歲的女兒，叫做「珊珊」。
珊珊長得聰明伶俐，照顧起來一點也不花心思，只要
每天下午準時到學校去接她放學，回到家之後，珊珊
就會自動進房間寫功課，個性乖巧懂事，一點也沒有
千金小姐的驕氣。

　　白天的時候，媽媽把大部分時間都花在打掃，這
間房子足足有一百多坪，媽媽每天都忙得滿頭大汗。

　　令她感到奇怪的是，電視機上除了珊珊和爸媽一
家人的照片之外，還擺了另外一張小男孩的照片，可
是據她所知，這家人並沒有兒子。

　　照片上的男孩看起來大概十五、六歲，每當她看
到這張照片，她總會想到：如果她兒子還活著的話，

應該也長這麼大了吧！

　　媽媽在打掃的時候，我和杰哥哥都會圍在她身邊幫忙。我們把沙發上的灰塵微粒吹掉，又說服小狗乖乖待在牠的小窩裡不要出來搗蛋。這隻雪納瑞是珊珊堅持要養的，她說她沒有兄弟姐妹，所以堅持要養隻小狗當弟弟。珊珊不知道，這隻小狗不光是她的玩伴，同時也是她哥哥的好朋友。

　　教會小狗倒立，是杰哥哥今年送給他妹妹的生日禮物。

　　和媽媽一起待在杰哥哥家裡的時候，我總會偷偷的幻想這是我的家。我總算可以和媽媽一起，無憂無慮的生活，只要享受眼前這一刻，其餘什麼都不重要。

　　每次看著杰哥哥的照片，媽媽會閉上眼睛，允許自己想我一、兩分鐘，然後深呼吸一口氣，重新睜開眼面對這個世界。

　　夠了，我只要擁有這一分鐘就夠了。

　　我知道我不應該妄想獨占媽媽的愛，但每當她那

樣心無雜念專心想我的時候，我總能感到一絲安慰。

擁有生命是美好的，我看著城市不斷在進步，每個人都馬不停蹄的向前走，只有我仍停留在原地，仍停留在這個沒有過去未來的世界裡。

沒有永恆的生命，我擁有的只是不死的心。

歲月洗刷了多少前塵舊事，卻無法沖淡我對塵世的眷戀。我每天想的、盼的、期待的也都是活人的世界，而媽媽卻已經在我以外的地方，悄悄的建立起她的另一個世界。

我好怕有一天，連媽媽都不再記得我了，那麼我來世上走一遭又有什麼意義呢？

這一刻的我，願意付出一切代價，只希望可以變作柯叔叔一天，可以擁有像他那樣注視著媽媽的眼神，可以擁有像他那樣被媽媽注視著的背影。

我不知道這樣的要求算不算過分，但我真的希望媽媽永遠都是媽媽，永遠都是我一個人的媽媽。

這十年之間，我也曾經去探望過那個人。

雖然已經過了這麼久，我還是忘不了他殺氣騰騰的那一雙眼睛，只要一想到他，我就忍不住汗毛豎立、渾身顫抖。儘管那並非出自他的本意，但造成的傷害卻已是事實。

十年了，我已經從一個無知的孩子長成懵懂的少年，如果我還活著，我可以像其他同年齡的孩子一樣上學、讀書、溜滑板、參加社團、學騎機車、交女朋友、享受人生……，但是現在，我唯一能做的只有想像。

十年了，我已厭倦這種無依無靠、四處漂泊的日子，我很想知道，我爸爸在我這個年紀的時候都在做些什麼，想知道他究竟剝奪了我哪些機會、哪些快樂，想知道如果我還活著，我的日子會過得比現在要好上幾千倍。

活人都不能平靜地接受死亡這個事實，死者又何

嘗能夠輕易地接受？

　　我總是想像自己還活著，或是想像自己有一天會復活。雖然我已經在媽媽的瞳孔裡看不見自己，雙腳也無法腳踏實地，但我總是對自己說，至少我還和活人生活在一起。

　　這個世界已經不屬於我了，但是我還屬於這個世界。

　　每當那個殺人兇手出現在我眼前時，我的心裡總會翻起一陣波濤洶湧。雖然我一再告訴自己，「算了吧！別再記起他了！」但是恐怖的回憶卻不肯輕易放過我，我還是忍不住想偷偷看他一眼，確認他是安然無恙，還是已經遭到報應。

　　這十年間，他宿醉的日子比清醒的時候多，特別是媽媽離去之後，他益發變本加厲的買醉。

　　從前我不能理解，為什麼日子已經這麼困苦了，他還要將剩餘的錢拿去買酒，之後再為了缺錢而傷腦筋。

家暴自療30
　　——偉偉的黑色日記

　　一直等到我長大，我才明白，他之所以不肯面對問題，是因為他根本不相信自己有能力解決問題。

　　事業上的失意使他焦慮，他擔心因此失去了在家裡的地位。

　　在他的心目中，男人只有動手才可以顯示出自己的權威。從小他就看著父親這麼做，而他母親不也一直把丈夫看得比天還大？代代相傳，積非成是的觀念是如此地根深蒂固。

　　幸好我已經死了，否則我不知道自己將來會不會也變成這樣的人。當你只要動手別人就會乖乖遵命時，你不會想到世上還有其他搏取別人尊重的辦法，也不會去思考這樣做到底對不對，到底有什麼不好。

　　反正你已經達到你的目的了，不是嗎？

　　這些年來，我看著爺爺留下來的祖產一點一點的變賣出去，就連我葬身的那間屋子也遭法院拍賣，只有戴在左手無名指上的結婚戒指，是爸爸唯一堅持不肯變賣的東西。

　　他曾經試圖找過媽媽好幾次，但卻始終得不到半點音訊。

　　偶爾喝醉的時候，他會不斷出言詛咒埋怨媽媽，把所有媽媽和我的照片都撕得稀巴爛。他就是這樣的人，寧可把過錯全部推到別人身上，也不願回頭來反省自己，就是這種個性才使他一輩子都活得像個任性的孩子，非要搞得妻離子散才肯稍有一點點悔悟。

　　清醒的時候，他會哭，會責怪自己，會為了麻痺這些苦痛的心情再一次喝醉。

　　我知道他心裡其實是愛著媽媽的，但他表現出來的卻只是傷害，不是愛。

　　他想要用暴力來控制媽媽，但最後得到的也只是怕，不是愛。

　　造成他這樣的個性，其實阿嬤要負很大的責任。

　　阿嬤如今已經快七十歲了，她的心理很不正常，生理卻很健康。除了神智有些不清之外，身體幾乎沒有什麼病痛。

家暴自療30
——偉偉的黑色日記

自從爺爺留下來的房子賣掉以後，爸爸就搬去嘉義，就近照顧阿嬤。

提起我阿嬤，她寵孩子可真是有一套。

她沒出去賺過錢，不知道賺錢的辛苦，因此只要孩子喜歡的，不管要花多少錢她都有求必應。

阿嬤唯一和孩子起衝突的那一次是發生在爸爸國中的時候，那時候爸爸想要買一台拉風的腳踏車，但是阿嬤不肯答應，她擔心爸爸在馬路上騎腳踏車會發生意外，爸爸因此和他媽媽不說話冷戰抗議了好幾天。

一個禮拜之後，爸爸放學回到家裡，赫然發現門口停放著那台他夢寐以求的腳踏車。你說，這麼為所欲為的孩子長大以後怎麼能不以自我為中心？

小學六年級的時候，爸爸第一次和人發生打鬥。

事情的經過是這樣的，他在下課的時候看見隔壁同學的桌上擺放了一隻造型很獨特的鉛筆，原本只是想要拿過來把玩一下，沒想到卻被鉛筆的主人發現，立刻高聲抗議，引起全班同學側目。

　　血氣方剛的爸爸頓時惱羞成怒，馬上出拳狠狠揍了對方一頓，把人家打到趴在地上並警告他不准張揚。

　　那個倒楣鬼隔天沒有再來學校上學，而我爸爸呢？他得到了同儕的尊重和一隻五顏六色的鉛筆。

　　沒多久，阿嬤從其他家長的口中知道了這件事，而她的反應是：有沒有受傷？

　　喔，沒有受傷就好。

　　從那天起，爸爸知道武力是最容易溝通的語言，只要他一亮出拳頭，不管什麼東西都可以手到擒來。

　　只除了一樣東西，那就是「感情」。

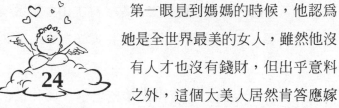

第一眼見到媽媽的時候，他認為她是全世界最美的女人，雖然他沒有人才也沒有錢財，但出乎意料之外，這個大美人居然肯答應嫁給他！當場他發誓，要一輩子都珍惜她、好好對待她。

剛開始，他是很以這個漂亮老婆為傲的。

他的朋友羨慕他，親戚也誇讚他，他覺得自己一輩子都沒有這麼風光過。可是過了沒多久，他就發現老婆長得漂亮其實對他來說是一大危機，他擔心自己配不上太太，也開始擔心她有一天會不安於室，因此，他對任何風吹草動都特別敏感，像隻嗅覺敏銳的獵犬，一心只想要保衛自己的地盤。

他不是存心要打她的，但是心情不好的時候，除了打人，他實在找不到別的方法發洩。他的內心像是有一個控制鈕，只要一旦觸及到這個鈕，他就會一發不可收拾，非要揍人揍到精疲力盡為止。只有看到對方害怕恐懼的臉，他才會覺得這個世界仍然是由他來主宰。

　　漸漸的，他在潛意識裡把暴力慾和安全感畫上了等號，只有使用暴力，才能令他感到安全。

　　旁人認為他是在傷害別人，但對他而言他只是在保護自己。表面上看來他很強壯，但是他的內心卻比任何人都要脆弱。

　　控制鈕不啟動的時候，他是全世界最好的丈夫。抱著對妻子的同情與悔恨，他會盡力表現出最好的一面，以為這樣就可以盡釋前嫌，以為這樣對方就會容忍他的下一次發作。其實他只是拖延著不想正視自己的問題，不想要為自己負起責任。

　　別人或許覺得他無可救藥，但他自己抱持著的心態卻是無可奈何。

　　說真的，他又不是故意要傷害她的，誰叫她要先惹到他呢？

　　打老婆是不需要理由的，它需要的，只是一個藉口。

　　現在，我看著他一個人蜷曲在一間小房子裡，四

周除了床鋪、衣櫥之外幾乎空無一物。

和我一樣，他沒有一分鐘不想念媽媽，只要一想起媽媽，他便心如刀割，覺得生不如死。

偶爾，他也會想起我，想起他曾經有過一個孩子，也想起他幹下了什麼錯事，這些瘋狂的記憶使他徹夜不得安眠，喝了酒也無法沉醉。

他經常做夢，夢到我，夢到我向他索命，每每醒來的時候嚇出一身冷汗。

「我不是故意的……我不是故意的……」他在夢裡再三向我道歉。

有什麼用呢？早知如此，何必當初。

為了求得心安，他到廟裡拿了許多平安符掛在身上，令我覺得好氣又好笑，真想告訴他不必多此一舉，打從我出生的時候，爺爺就幫我去廟裡求了一塊保平安的圓形玉珮掛在脖子上，結果呢？

我還不是落得這個下場。

這個世界就是這麼不公平，你越是去要求公平，只會讓自己越難平衡。這麼多年來，我已經學乖了。

　　看著他一直活在永無止盡的悔恨當中，很奇怪，我並不覺得高興。

　　我一直以為世界上不會有人比我更恨他了，但其實是有的，那個人就是他自己。

　　天知道不會有人比他更愛媽媽了。她是他生命裡的奇蹟，讓他知道渺小的自己竟也能實現比天還高的夢想。

　　他想永遠把她栓在身邊，所以故意侮辱她、傷害她、摧毀她的自尊，讓她除了自己以外沒有其他的世界。

　　他不知道自己也因此摧毀了媽媽對他的愛，摧毀了他們倆的明天。

　　我想起從前那段日子，每次挨打的時候，媽媽只會躲在一旁默默流淚，我也還太小不懂得表達自己的感受，我們一家人從來沒有試過心平氣和好好的溝通，從來沒有掏心挖肺袒露自己的感覺，我們臣服在暴力之下，只是更加驗證了暴力的力量，更加增添了爸爸對暴力的依賴，令他對我們的眼淚視而不見，令他更加相信這是鞏固地位、建立自信的唯一途徑。

家暴自療30
——偉偉的黑色日記

　　他最大的錯誤不是暴力，而是無知。

　　他只是想利用暴力來確保自己不會失去這個家，卻不知道如果他不使用暴力，我和媽媽都會愛他更多更多。

　　他錯了，我們也錯了。

　　只是，我們都沒有機會回頭了。

　　想到這裡，我心裡所有的委屈、不滿、怨懟……通通消逝了。如果當初我是死於車禍、癌症，或是被鐵捲門夾到之類的意外，相信我都不會如此不甘心。若是那樣，我會認命，那麼我為什麼不能把那天晚上的事情當成一個意外呢？

　　他失控了，所以才下手那麼重。他沒想過真的會把我打死，我也沒想過自己會死在親生爸爸手上。

　　但事情就是發生了。不管我是怎麼死的，我都已經死了，再去追究責任有什麼用？誰也不能使我復活，我也不能一直想像自己仍然活著。

　　認命吧！認命吧！

你瞧，只要認命，一切不就都豁然開朗了嗎？

也許我早就應該認命了。但，人不是更應該懂得知命嗎?!

爸爸睡著了，我無聲無息的來到他身邊，輕輕摸著他的手，感覺到他的溫度。

我小的時候，很多人都說我長得像他，那是真的嗎？不，如果我還活著的話，我一定會長得比他更帥一點。

我看著那張和我酷似的臉，第一次把那張臉當成父親而不是仇人看待。我們之間糾纏十餘年那道無形的隔膜，此時已經被血濃於水的親情逐漸融化。

不認命也許可以使你不平凡，但是認命卻能使你不會不甘心。人生的苦，往往來自於太執著。執著什麼呢？反正我們終究什麼也帶不走。

我按著我的心，已經不再感到任何疼痛。但令我疑惑的是：我都已經認命了，為什麼我仍然還是在這裡呢？

家暴自療30
——偉偉的黑色日記

　　警方破獲了一起歹徒十二年前所犯下的綁票案，媽媽在電視上看到當年被綁架的小孩的照片，才知道她的僱主原來有那麼一段不尋常的過去。

　　那批歹徒在當年犯案之後，隨即潛逃到對岸。安分守己了好多年，直到最近盤纏用盡，才又在大陸犯下另一起學童綁架案，遭到兩岸公安警察合力逮捕。

　　要不是警方這十餘年來鍥而不捨的追蹤，這批歹徒可能還逍遙法外，媽媽對警察的用心深感敬佩，但她也不禁想到：如果連事隔這麼久的綁架案都能偵破，那麼她兒子喪命的事是不是也會有東窗事發的一天？

　　她心裡始終覺得對我有一份愧疚，這些年來，只要手邊有多餘的錢，她都會捐到廟裡添油香，並在我每年忌日請廟裡的師父替我做一場法事。

　　雖然這些宗教儀式對我並沒有什麼實際上的用處，但是媽媽的心意我卻銘感五內。我知道，即使有

一天她不再是我一個人的媽媽，我也永遠都會是她最心愛的兒子。

歹徒落網之後的第二天，杰哥哥告訴我，他要離開了。他將在這一、兩天離開這裡，去到雲層上面的那個世界去。

我問他，你確定嗎？天堂沒有通行證，也沒有派天使來知會你，你又怎麼會知道自己已經夠資格升天了呢？

杰哥哥說，他覺得自己的身體越來越輕，而且整個人都有往上升的趨勢，這是他這十幾年來前所未有的感覺。原本我們只是在地面以上飄，現在他整個人都是在空中飛的了。

我仔細一看，這才發現杰哥哥已經浮在離地三十公分高的地方，而我卻仍停留在地面以上不到十公分的地方。他是真的要離開我了吧！

我好捨不得他走，他是我在這個世界上唯一的朋友，陪著我長大，陪著我經歷過最痛苦的時光，要是連他也走了，我豈不是連一個可以說話的對象都沒有

了？

「沒關係，你可以把你想說的話寫下來。」杰哥哥安慰我，「這就是我當初教你寫字的目的，把心事寫下來，你就會覺得好過一點。不用害怕，我相信總有一天我們會再相聚的。」

那天之後又過了兩天，我就再也找不到杰哥哥的蹤影了。

好多好多的時間，陪伴我的只有空虛。如果我在這世上唯一能做的事情只有等待，那麼時間對我來說又有什麼意義？為了打發這些多餘沒有意義的時間，我照著杰哥哥說的，把我想說的話寫下來，從過去到現在慢慢追憶，不知不覺就寫下了這麼厚厚一大疊。

我希望有朝一日，杰哥哥可以看到，我的爸爸、媽媽也可以看到。

綁架案破獲以後又過了半年，杰哥哥的家人決定無牽無掛的離開這個兒子喪命的傷心地，舉家移民到紐西蘭。

　想當然爾，媽媽又得找新工作了。

　在等待工作的這段空窗期，柯叔叔再次提出邀請，要她和他一同到山上的孤兒院做義工。這些日子以來，柯叔叔每隔一段時間就會向媽媽提出相同的這個邀請，儘管媽媽沒有一次答應，柯叔叔依然沒有放棄。

　是他看出了她生命中的缺口。沒有辦法替她彌補過去的缺憾，他唯有付出的更多。

　一想到孤兒院，媽媽的眼前就浮現出我的影子。嗷嗷待哺的我、牙牙學語的我、蹦蹦跳跳的我、奄奄一息的我……

　十幾年了，怎麼可能？

　十幾年了，也是該面對現實的時候了。

　這個星期天，媽媽和柯叔叔一同去到孤兒院，孩子們都對這個新來的阿姨很好奇，紛紛圍到了媽媽的身邊。

　柯叔叔先行進辦公室和院長打聲招呼，留下媽媽

一個人和孩子們作伴。

　　一名四、五歲的小男孩突然從背後衝過來握住了媽媽的手，撒嬌的說：「阿姨，陪我玩。」

　　好小的手。

　　媽媽回握住那雙小手，思緒卻已經飄到了千里之外。

　　偉偉的手也是這麼小。

　　偉偉說：「媽媽，牽我。」然後伸出那胖胖的小手。

　　偉偉……偉偉……偉偉……

　　生與死，原來是一段這麼漫長的距離。也許我們永遠也跨不過去。

　　媽媽鬆開了那名小男孩的手，緩緩、緩緩的蹲在地上。她的胸口好痛，像壓著一塊大石頭，好重、好重，幾乎要喘不過氣了……

　　她張開嘴巴想要呼吸，沒想到發出來的卻是一長串淒厲的叫聲。她想哭，卻流不出眼淚。

　　機靈的孩子發覺事情不對勁，趕緊進屋去找大人出來。

　　柯叔叔首當其衝飛奔到媽媽的身邊，焦急的問：「怎麼了？發生了什麼事？」

　　「我……我……」媽媽泣不成聲，那塊石頭擱在心裡太久，她得費好大的力氣才能把它吐出來。

　　「我……我兒子……死了……我兒……我兒子死了……」

　　她說給別人聽，也說給自己聽。

　　十年了，整整十年了，她一直拒絕接受這個事實，可如今事實擺在眼前，她兒子再也不會牽住她的手，她兒子再也不會呼喊她「媽媽」……，她的兒子已經死了。

　　是的，親愛的媽媽，我已經死了。

　　突然間，媽媽的臉色發白，然後一下子轉成青色。她全身顫抖，不停的喘氣，把在場所有人都嚇壞了。

　　柯叔叔連忙拿起一個塑膠袋套在媽媽頭上，提醒她：「吸氣！用力吸氣。」

家暴自療30
──偉偉的黑色日記

　　「我兒子死了⋯⋯我兒子死了⋯⋯」媽媽在休克之前，嘴裡喃喃重複的依然只有這句話。

對生活無所求，那就是幸福。

對一個人無所求，那就是愛。

26

　　媽媽睡得很熟，她夢到了一隻小手牽著她的手，不知道我正坐在床邊，緊緊抓著她的手。

　　「放了她吧！」我聽見柯叔叔的聲音，他是在跟誰說話？

　　「偉偉，放了她吧！」

　　我望向柯叔叔的眼睛，發現他也正在看著我。

　　「你一直都看得見我，對嗎？」我問，不知道他聽不聽得到我的聲音。

　　柯叔叔點了點頭，「我能看見鬼魂。」

　　鬼魂？這是我第一次聽到有人這麼叫我。雖然我早就已經知道凡間有些人有陰陽眼，他們看得見我們，但基於對鬼神的敬畏，他們即使看到了也會假裝自己沒看見，只有柯叔叔敢這麼明目張膽的對著鬼魂說話，他難道不怕我吃了他嗎？

家暴自療30
——偉偉的黑色日記

「你媽媽很想你，她一直偷偷在想你。」這句話是一句陳述，也是一個友善的表示。

「原來你早就知道我的存在了，是嗎？」

「我自己猜的，但是她不說，我也不會去問。」

柯叔叔說：「你們母子之間的感情，任何人都沒有辦法介入。誰也不能取代你在她心目中的地位，我這麼說你明白嗎？」

不知道為什麼，我竟然熱淚盈眶。

「柯叔叔，你很愛媽媽對不對？」

我叫「柯叔叔」叫得那麼自然，忽然間我發覺，其實我早就已經把他當成我最信任的長輩。

我感謝他接受媽媽，同時也接受媽媽的過去。

「你媽媽是我所見過最堅強的女人。」他回答道。

就在這個時候，媽媽的身子微微抽動了一下，我知道她快要醒了。

「打勾勾，答應我一件事。」我一邊向柯叔叔請求，一邊伸出我的小指頭，而柯叔叔也立刻伸出手來勾住我小小的指頭。

「只要我做得到的，我都答應你。」

或許很不容易，但我是真心的。

我盯著柯叔叔的眼睛緩緩的說：「請你盡你的能力幫助媽媽……忘了我……」

忘了我。也許我們都會好過一點。

幾分鐘以後，媽媽甦醒了。她張開眼睛，看見了那雙充滿關愛的眼睛。

她在心裡暗自感謝上蒼，發生了這麼多事，他始終還是站在她這一邊。

「其實我有一個兒子。」媽媽輕輕的說，聲音低得幾乎要聽不見。

「他五歲的時候，就被他爸爸不小心打死了……我很想揭發他，替我兒子討回一個公道，但是我太懦弱了，我什麼也沒做，只是告訴自己不要去想……不要去想……」媽媽望向柯叔叔，眼淚終於決堤而出：「對不起，我一直都瞞著你，因為我不想讓你知道我的過去，我怕……」

家暴自療30
　　──偉偉的黑色日記

　　「怕什麼？」柯叔叔說：「妳看見了，我不是仍然在妳身邊嗎？」

　　柯叔叔用剛剛和我打勾勾的那隻手握住了媽媽的手。

　　「對不起，讓妳一個人經歷了那麼多的事。」

　　媽媽看著那雙溫暖的大手，感覺心頭有一扇窗戶正悄悄的打開。

　　「我好想念我兒子，這十年來，我沒有一天不想他。我對不起他，我竟然就這麼看著他被活活打死……」媽媽說不下去了，她的眼前又再度浮現出那可怕的一幕。

　　「那妳呢？妳當時在做什麼？」

　　「我……我當時也被打得趴在地上，我很想跑過去救他，但是我的腿被沙發壓住了沒有辦法動，我看見血，好多的血……」

　　媽媽的表情狂亂了起來，柯叔叔趕緊安撫她的情緒。他撫摸著她的頭髮，坐到她身邊，讓她靠在自己身上。

　　「妳很想救偉偉，對嗎？」雖然媽媽從來沒有向他提過我的名字，但是此刻她並沒有察覺到這一點。

　　「我想救他，當然想救他，如果可以，我寧願死的人是我。」

　　柯叔叔依舊維持著平靜的聲音，「當時即使用爬的，妳也會爬到他身邊去，不是嗎？」

　　媽媽用力的點了點頭。

　　「但是妳沒有辦法，妳已經盡力了，可是還是做不到。」這句話像片羽毛般落在媽媽的心頭。

　　她望向柯叔叔的眼睛，在裡面找到了她所需要的支持。

　　「妳已經盡力了。」柯叔叔定定的重複著，「妳已經盡力了。」

　　如果盡了全力都仍改變不了事情，那麼除了放下，我們還能做些什麼？

　　逝者已矣，活著的人卻還有很長的路要走。

　　她揹著這個包袱揹了這麼久，她到底是為誰揹

155

家暴自療30
——偉偉的黑色日記

的？她還能再揹多久？

人生無疑就是一個化解悲傷的過程，只有放下包袱，她才有力量將這道瘡疤化成最美的生命原動力。

這將是紀念她兒子最好的方式。

那天夜裡，媽媽和柯叔叔說了一整夜關於我的事。柯叔叔始終在一旁安靜的聽著，不時望著媽媽滿足的笑著。

媽媽看到柯叔叔愛憐的表情，先是覺得欣慰，但是隨後她又擔憂的問：「我的過去千瘡百孔，難道你真的一點都不在意嗎？」

或許是因為我在的關係，柯叔叔說得很含蓄。

他告訴媽媽：「我喜歡妳，就是喜歡現在的妳。不管妳的過去是怎麼樣的，因為有過去，所以才有現在的妳。」

然後他對我使了一個眼神，暗示我該熄燈睡覺了。

那一年我的忌日，媽媽沒有再到廟裡替我做法事，她只在家裡的陽台上燒了一點紙錢，然後把那台黃色的模型小車燒給我。

她知道自己不再需要睹物思人，因為我將永遠活在她的心裡。

隔一年的夏天，柯叔叔退休了。

我和他之間的交集，他從來沒有跟媽媽提過，他說，那是我們男人之間的秘密。

柯叔叔領了一大筆退休金，打算用這筆錢來實現他畢生的心願。他和媽媽一同搬到山上的孤兒院就近照顧那些孤兒，過著和孤兒一樣粗茶淡飯的日子。

生活也許刻苦，但是精神卻相當富足。

看到院長室牆上琳瑯滿目的照片，我才知道柯叔叔也曾經是這裡的孤兒。吃過苦的人，總是比較能夠體會別人的苦，不像爸爸……

唉！先別提他了，說點開心的事吧！

157

家暴自療30
　——偉偉的黑色日記

　　現在的媽媽，不再是我一個人的媽媽，她有好多兒子、女兒都爭先恐後的喊她「媽媽」。

　　看到那些孩子，她腦海中想起的也不再只是我，她把孤兒院裡的每一個孩子都當做自己的親生子女看待。

　　忙碌充實的日子使她臉上泛起了幸福的光彩，偶爾我去探望她的時候，我總會忍不住上前用力啵兒她一下，雖然那個吻對她來說只是一陣微微的涼風而已。

　　「偶爾去探望她的時候」？是的，偶爾。

　　這一年來，我不再像過去一樣如影隨形的跟在我媽媽身邊；相反的，我花了很多時間跟在爸爸身邊，我試著想要接近他、了解他，想知道除了仇恨以外，我們之間還有沒有別的聯繫？還有沒有超越陌生人以外的感情？

　　想想我短暫的一生，除了責備和毆打以外，我們父子幾乎沒有其他的溝通方式，沒有心平氣和的說過

一句話，也沒有任何一樁值得紀念的回憶。

從前聽到杰哥哥談起他和他爸爸的過往，我總是又羨慕又忌妒。

「爸爸」這兩個字對我而言只是一個符號，我從來都不知道這個符號背後所隱藏的意義。「見到爸爸然後拔腿就跑」已經成了我的反射動作，我必須隨時提醒自己我已經死了，才敢出現在爸爸面前，才敢站在距離他不到一公尺的地方。

明明是最深的血緣關係，我們卻是世上最陌生的兩個人。

這一年來，我看著爸爸的經濟一天比一天拮据，一直到連阿嬤的醫藥費都付不出來了，爸爸才總算下定決心戒酒，認認真真去找一份工作。

現在的爸爸，是一家貨櫃車行的司機。我看到他改頭換面的樣子，一方面替他高興，另一方面也感觸良多。

若是他可以早一點振作，早一點奮發上進，或許

他不至於失去那麼多東西。

　　我不明白，爲什麼人總要把自己逼上絕路，才肯徹底覺悟呢？

　　我想起小的時候，每當別人問起「你爸爸是做什麼的？」我總是支支吾吾說不出話來，他也許今天做司機、明天做保全、後天做流氓，永遠沒有一個固定的職業，我曾經問過媽媽，「酒鬼算是職業嗎？」因爲那是我認爲他做得最稱職也最長的一份工作了。

　　現在，我終於可以光明正大的告訴其他靈魂，「這位穿著制服、長得跟我很像的男人就是我爸爸！」可知道我等這一天等了多久？

　　每天早上，我都會跟著爸爸出門，直到三更半夜，才又跟著他回家。我知道他沒有忘記媽媽，也沒有忘記我，因爲他雖然把我們的照片撕爛了，但之後又重新拼好，現在則把它貼在貨櫃車的遮陽板下。

　　這張照片提醒了他，他究竟失去了什麼？

　　坐著爸爸開的貨櫃車，我已經繞了台灣好幾圈，這是我活著的時候作夢也想不到的事。

　　司機的工作很辛苦，有時一開起車來就是十幾個小時，三餐不定時，上廁所也不方便，我真擔心爸爸的健康。

　　不管他曾經做錯了多少事，那都已經過去了。我死了已是不爭的事實，但我仍希望我的父母在人間可以過得平安快樂。

　　這一天，爸爸又要熬夜開車了，他已經是這個禮拜第三次熬夜開車。

　　天氣很冷，花東海岸的風勢很大，爸爸搖上了車窗，由南向北慢慢行駛。

　　開過宜蘭的時候，天已經微微亮了。

　　我坐在前座，看見爸爸撐著眼皮，一副昏昏欲睡的樣子，突然感到一股不祥的預感。

　　不能睡，千萬不能睡著啊！

　　一邊是陡峭的山壁，另一邊是蜿蜒的海岸，只要

一個不小心，隨時都有可能撞上山壁粉身碎骨，或是翻車入海葬身水底，兩者的下場皆是死路一條。

　　我拼命吹氣想要使爸爸打起精神，但是沒有用，他的眼神越來越恍惚，頭也越來越低，低到快要碰到方向盤了。

　　「快醒醒啊！爸爸！快醒醒啊！」我大聲呼喊，叫出我有史以來第一聲發自內心的「爸爸」，但是沒有人聽到，我看見他頭一垂，整個身體向前撲去，車子眼看就要直撲海面。

　　不行！不行！我一定得做些什麼才行！

　　我使出全身的力氣，想要捉住爸爸的手，藉由他的手來扭轉方向盤。即使我的手會直接穿過他的身體，但總可以替他帶來一些冰涼的感覺吧！

　　拜託，拜託，一定要有效才行。

　　我靠到爸爸身旁，把手放在他的手上，就在這一剎那，我整個人被一股力量朝反方向彈起……

　　是佛珠，爸爸手上戴著一串佛珠，胸前也掛了一

道符咒，我只有被拒之於門外。

　　等到我回過神來，我發現自己已經被彈出車外，
爸爸呢？

　　路面上已經沒有車子的蹤影。我在恍惚之中聽到
一聲劇烈的海濤聲，不由得在心裡輕輕奏起了一首哀
淒的驪歌。

28

死，是平靜的。在這裡。等了好久。

像過了幾分鐘，也像過了幾輩子，海平線第一道曙光照射過來，我隱隱約約看見一個靈魂從海面上緩緩升起，知道我爸爸終於和我來到了同一個世界。

爸爸看到我，先是不敢置信的眨了眨眼睛。太多太複雜的感情了，我以為我會不知道該怎麼面對這個人。

但是，接下來的一分鐘，我發現我已經牢牢的待在爸爸的懷抱裡，究竟是誰先誰擁抱誰的，其實我也不知道。

我只覺得自己好像又變回了一個五歲的小孩子，躲在媽媽的背後，期盼著爸爸的一個擁抱……

爸爸，我的爸爸，我早就夢想這一刻很久很久，久得連我自己都忘記了。

爸爸的手臂好強壯……

爸爸的頸部線條好優美……

爸爸肩胛骨的形狀，剛剛好適合我的下巴⋯⋯

爸爸，我的爸爸，我終於知道了這兩個字所代表的意義。

儘管為時已晚。

我很想再和爸爸多相處一會兒，但就在這個時候，我發現自己的身體變得越來越輕，而且開始不由自主的往天上飄。

杰哥哥所說的「空中飛」，難道就是這種感覺嗎？

不管我願不願意，我慢慢飄離爸爸的懷抱，慢慢飄離爸爸的手臂、爸爸的脖子、爸爸的肩胛骨⋯⋯，我才剛剛和他相認，現在卻又要和他告別，我的心裡洋溢著滿滿不可言喻的不捨。

我和爸爸注視著彼此那張和自己相似的臉龐，卻一句話也沒有說。

還有什麼好說的呢？不管是情是債，是「對不起」還是「我愛你」，一切都已經過去了。我們的恩怨應該到此為止，我們的人生應該要有一個更好的開始。

家暴自療30
——偉偉的黑色日記

能夠得到爸爸一個真心的擁抱，已不枉我來世上走這一遭。

我已經沒有任何的遺憾。

幾個小時以後，警方到達現場。

救難人員打撈起車子的殘骸和爸爸的屍體，順便還在貨櫃車失事地點的海域附近打撈到一具孩童的屍體。

死者年齡約五至六歲，研判已經死亡多時，除了胸前掛著一塊圓形玉佩之外，沒有任何可供辨識的標記。

我看著這個逐漸縮小的世界，也許它並沒有我想像中的那麼令人失望。

後來的事情我就不清楚了。

我的靈魂隨風越飄越高，越飄越高，沒多久，我就飄到和公寓屋頂差不多高了。

我很想在臨走之前再去見媽媽一面，於是我在一

166

輛自強號列車上找到了媽媽，跟著媽媽一塊兒來到了
嘉義。

　　從她在電視新聞中得知消息的那一刻，媽媽就已
經做了這個決定。

　　我跟著媽媽來到一間小房間，屋子裡瀰漫著藥
味。靠窗邊的單人床上躺著的是我阿嬤。

　　阿嬤的神情憔悴，看起來並沒有得到很好的照
顧，換做別人，可能早就撐不下去了，但是阿嬤卻可
以憑著一股意志力，病了十幾年都仍不肯向命運低
頭。

　　爸爸遺傳了他母親的倔強，卻沒有學到阿嬤不服
輸的堅毅。

　　在時間無情的巨輪之下，沒有人有權利要求公
平，我們只能各施其法與之抗衡。

　　輸了，不問天。贏了，不尤人。

　　雖然已經十年不見，但是阿嬤看到媽媽一點也不
覺得意外。她依舊還是擺出那副呆滯的表情，問了那
個她已經問了十年的老問題。

家暴自療30
——偉偉的黑色日記

「偉偉呢？」阿嬤問。

我覺得她似乎比任何人都要來得精明。

「他……」媽媽掙扎著該不該說實話，「他爸爸帶他到動物園玩了。」

結果，她沒有說實話也沒有說謊話。雖然我和爸爸都已經不在人世了，但是誰又知道天堂裡沒有動物園呢？

通往天堂的路或許艱難而漫長，但是我相信，只要往前走，就一定會看得到結果。

我，偉偉，那個雨天出生的孩子，在我五歲那年的某一個晚上，我很不幸被我爸爸失手打死。

我不在乎那是不是個意外，我只知道和爸爸一起到動物園玩，曾經是我在人世間最大的願望。

生前我沒有機會實現，但願看到這本書的你，能夠找個機會替我完成夢想，同時，也了卻你自己的心願。

◎在一般人觀念裡,虐妻是孤立且不常見的暴力。其實這是錯誤的。

婚姻暴力是經常發生的問題,根據統計,每年都有三百萬到六百萬的婚姻暴力事件,而平均每十個案件之中,只有一件報案。

◎在一般人觀念裡,只有一小群人受到婚姻暴力的傷害,其實這是錯誤的。

調查顯示,平均每兩位婦女便有一位受到虐待,而每二十二個男人之中也有一位受虐。

◎在一般人觀念裡,只有貧民和少數民族的男性才會虐妻,其實這是錯誤的。

不管是各種社經階層或種族的人都可能使用婚姻暴力。

◎在一般人心目中,女性因為婚外關係隨便所以才會

家暴自療30
——偉偉的黑色日記

遭受丈夫毆打，其實這是錯誤的。

男性之所以對妻子施以暴力，是因為他認為自己對
她有某種所有權。

◎在一般人觀念裡，遭受暴力的婦女會向朋友或警察
吐露自己受虐的事實，其實這是錯誤的。

除非她們遭受的虐待已經嚴重到威脅生命，否則大
部分人都會選擇隱瞞事實。一方面是希望丈夫有所
改變，另外一方面是因為她們不願意面對悲慘的現
實。

◎在一般人觀念裡，受虐婦女一定會想盡辦法報復丈
夫，其實那是錯誤的。

意圖「殺夫」的女性畢竟是極其少數，大部分的女
人只會想要停止暴力行為，還她一個健康溫暖的家
庭。

◎在一般人觀念裡，虐妻的男人看起來一定非常可

怕，其實這是錯誤的。

這種人在外面通常會表現得彬彬有禮，這樣即使有人聽說他打老婆，第一個反應也會是：「怎麼可能？他們看起來很恩愛啊！」

虐妻對男性而言是一件很私密的事。

◎在一般人的觀念裡，處於婚姻暴力的夫婦感情一定不睦，其實這是錯誤的。

丈夫不打人的時候，他們通常會有一段很甜蜜的求愛期，一直持續到下一次發作。

如果被丈夫毆打，妳該怎麼辦？

1.鎮靜，不要再說任何刺激他的話。

2.保護自己，特別是頭、臉、頸部、胸部和腹部。

3.大聲呼救。

4.離開現場。

5.尋求法律協助。

一次的意外也許是偶然，但是妳也該想到，萬一再度發生時，妳該怎麼辦？

1.發生意外後，立刻尋求有關單位協助。

婚姻暴力不是絕症，在初期的時候夫妻一起面對往往能有效的解決問題，杜絕暴力的根源。

2.準備好一個急難包，把現金、換洗衣服、身分證明文件、存摺、印章、結婚證書、重要的電話號碼等放在可以隨身攜帶的小包裡，萬一再度發生不幸，妳可以隨時逃離現場。

逃出了家門以後，妳該怎麼辦？

1.去醫院驗傷。去公立醫院較不會遭到拒絕，必要時可拍照存證。

2.向警察報案：請警員幫你填寫「員警處理家庭暴力案件調查記錄表」。萬一要訴訟，可作為佐證。

3.保留證物：如驗傷單、警方筆錄、破損的衣物

及打鬥時用的凶器。

4.向有關單位求援：可詢問專業人士的意見。

他不止打妳，而且還打孩子，妳該怎麼辦？

1.表現鎮定，在暴力事件剛開始發生的時候，便
告訴孩子這是大人的事，爸爸媽媽會處理，請
他回房間或是離開家中。

2.狀況嚴重時，直接用電話向鄰近親友求助，或
是向警方求援。

婚姻暴力不只是個人的問題，同時也是整個社會
的問題。美國的一項研究指出，有百分之五十打老婆
的男人同時也打小孩。而一百個打太太的男人中，有
八十一位曾經目擊他們的父親毆打母親，或者本身曾
被父親虐待過。每四個家庭就有一個家庭發生暴力。
同時，目擊暴力的兒童和受虐兒童受到一樣的影響。

百分之八十九的被虐兒童都是被自己的家人虐
待。絕大多數暴力罪犯都是在虐待的家庭中長大。因

家暴自療30
　　——偉偉的黑色日記

為施虐者所造成的孤立，在暴力家庭成長的兒童，往往有與他人互動的困難。

記住，人生若是可以改變任何一點，結局就會大大的不同。

我們或許不能改變命運，但扭轉命運的那一個時間點，卻掌握在自己手中。

＊註：本篇取材自「婚姻暴力助人者在職訓練手冊」，
　　　由台北市政府社會局主辦。

30*

24小時保護服務（緊急狀況請撥）		
110		緊急救援專線
113		全國婦幼保護專線
台北市政府婉如專線	2521-6196	提供遭受婚姻暴力危機之婦女，緊急救援、報案、驗傷資訊提供、安置、轉介服務
台北市女警隊	2346-0802	提供夜間及假日緊急庇護

驗傷服務			
馬偕強暴危機處理示範醫院	2543-3535 轉急診	1.提供遭受暴力需驗傷、醫療之受害者驗傷服務 2.設藉台北市之婦女，受性暴力、婚姻暴力則驗傷免費	24小時
忠孝醫院、仁愛醫院及其他各公立醫院		1.請攜帶身份証、健保卡 2.設藉台北市之婦女，受性暴力、婚姻暴力則驗傷免費	

175

家暴自療30
　　——偉偉的黑色日記

經濟協助			
申請項目	承辦單位	申請條件及內容	
婦女緊急生活補助	社會局第五科	凡設籍本市，年齡在18歲以上之婦女，其生活確屬困難，且有下列情形之一者： 1.夫死或失蹤者 2.遭夫遺棄或虐待者 3.生活發生重大發故者 4.未婚媽媽 5.離婚單親婦女	填寫申請表、附身分證影本、戶籍謄本、所得證明填寫申請表、附身分證影本、戶籍謄本、所得證明
急難救助及川資補助	社會局第二科各區公所社會課	本市市民因長期患病、遭遇意外病亡，或其他原因致生活陷於困境者，得申請急難救助；外縣市民眾返鄉短缺車資，可申請車資補助。採隨到隨辦原則	

申請項目	承辦單位	申請條件及內容	
訴訟補助兒童生活補助	社會局第五科	本市婦女因遭受暴力,無力負擔訴訟費用,需協助者	
托育補助寄養照顧	社會局第五科	兒童因家庭發生變故、貧窮、父母死亡或其他原因,而無法獲得親人妥善的照顧	
收托兒童	台北市各托兒所	兒童本人及其家長或監護人設籍本市6個月以上,年滿1個月至未入學之兒童,得向市立托兒所申請,但「弱勢家庭兒童」得優先列入收托。弱勢家庭包括: 1.低收入戶 2.原住民 3.輕度殘障 4.危機家庭 5.父母一方為中度以上殘障者	

家暴自療30
　　——偉偉的黑色日記

就業服務	
勞工局就業服務中心（承德專線）	2597-2222
勞工局職業訓練中心（職訓局）	8590-1153
台北市婦展協會	2738-5976

法律服務		
機構名稱	電話	服務概況
市政府聯合服務中心	2720-8889	社會局提供服務，免付費，可電話及面談
北區婦女福利服務中心	2542-7603	社會局提供，免費，限設籍本市之婚姻暴力當事人，面談
台北市婦女新知協會民法熱線	2351-1678	免付費，電話
台北市婦女權益申訴中心	2558-0252	社會局公辦民營，免付費，需面談，限受婚暴或性暴力之女性
台北市婦女救援基金會	2356-9595	免付費，需面談，限婚姻暴力之當事人

＊註：本篇取材自「婚姻暴力助人者在職訓練手冊」，
　　由台北市政府社會局主辦。

附錄：家庭暴力防治法

中華民國八十七年六月二十四日
總統華總（一）義字第八七○○一二二八二○號令公布

桃園縣政府　　印

第一章　通　則

第一條　為促進家庭和諧，防治家庭暴力行為及保護被害
　　　　人權益，特制定本法。

第二條　本法所稱家庭暴力者，謂家庭成員間實施身體或
　　　　精神上不法侵害之行為。

　　　　本法所稱家庭暴力罪者，謂家庭成員間故意實施
　　　　家庭暴力行為而成立其他法律所規定之犯罪。

　　　　本法所稱騷擾者，謂任何打擾、警告、嘲弄或辱
　　　　罵他人之言語、動作或製造使人心生畏怖情境之
　　　　行為。

第三條　本法所稱家庭成員，包括下列各員及其未成年子
　　　　女：

　　　　一、配偶或前配偶。

　　　　二、現有或曾有事實上之夫妻關係、家長家屬或
　　　　　　家屬間關係者。

三、現爲或曾爲直系血親或直系姻親。

四、現爲或曾爲四親等以內之旁系血親或旁系姻
親。

第四條　本法所稱主管機關：在中央爲內政部家庭防治委
員會；在省（市）爲省（市）政府；在縣（市）
爲縣（市）政府。

第五條　內政部應設立家庭暴力防治委員會，其職掌如
下：

一、研擬家庭暴力防治法規及政策。

二、協調、督導及考核有關機關家庭暴力防治事
項之執行。

三、提高家庭暴力防治有關機構之服務效能。

四、提供大衆家庭暴力防治教育。

五、協調被害人保護計畫與加害人處遇計畫。

六、協助公、私立機關建立家庭暴力處理程序及
推展家庭暴力防治教育。

七、統籌家庭暴力之整體資料，供法官、檢察
官、警察人員、醫護人員及其他政府機關相
互參酌並對被害人之身分予以保密。

八、協助地方政府推動家庭暴力防治業務並提供
輔導及補助。

　　　　　前項第七款資料之建立、管理及使用辦法，
　　　　　由中央主管機關另定之。
第六條　家庭暴力防治委員會，以內政部長為主任委員，
　　　　民間團體代表、學者及專家之比例不得少於委員
　　　　總數二分之一。

　　　　家庭暴力防治委員會應配置專人分組處理有關業
　　　　務；其組織規程由中央主管機關定之。
第七條　各級地方政府得設立家庭暴力防治委員會，其職
　　　　掌如下：
　　　一、研擬家庭暴力防治法規及政策。
　　　二、協調、督導及考核有關機關家庭暴力防治事
　　　　　項之執行。
　　　三、提高家庭暴力防治有關機構之服務之效能。
　　　四、提供大眾家庭暴力防治教育。
　　　五、協調被害人保護計畫與加害人處遇計畫。
　　　六、協助公、私立機構建立家庭暴力處理程序及
　　　　　推展家庭暴力防治教育。
　　　七、統籌家庭暴力之整體資料，供法官、檢察
　　　　　官、警察人員、醫護人員及其他政府機關相
　　　　　互參酌並對被害人之身分予以保密。
　　　　前項家庭暴力防治委員會之組織規程由地方

政府定之。

第八條　各級地方政府應各設立家庭暴力防治中心，並結合警政、教育、衛生、社政、戶政、司法等相關單位，辦理下列措施，以保護被害人之權益並防止家庭暴力事件之發生：

一、二十四小時電話專線。

二、被害人之心理輔導、職業輔導、住宅輔導、緊急安置與法律扶助。

三、給予被害人二十四小時緊急救援、協助診療、驗傷及取得證據。

四、加害人之追蹤輔導之轉介。

五、被害人與加害人身心治療之轉介。

六、推廣各種教育、訓練與宣傳。

七、其他與家庭暴力有關之措施。

前項中心得單獨設立或與性侵害防治中心合併設立，並應配置社工、警察、醫療及其他相關專業人員；其組織規程由地方主管機關定之。

第二章　民事保護令

第九條　保護令分為通常保護令及暫時保護令。

被害人、檢察官、警察機關或直轄市、縣（市）主管機關得向法院聲請保護令。

被害人為未成年人、身心障礙者或因故難以委任代理人者，其法定代理人、三親等以內之血親或姻親，得為其向法院聲請保護令。

第十條　保護令之聲請，由被害人之住居所地、相對人之住居所地或家庭暴力發生地之法院管轄。

第十一條　保護令之聲請，應以書面為之。但被害人有受家庭暴力之急迫危險者，檢察官、警察機關、或直轄市、縣（市）主管機關，得以言詞、電信傳真或其他科技設備傳送之方式聲請，並得於夜間或休息日為之。

前項聲請不記載聲請人或被害人之住居所，僅記載其送達處所。

法院為定管轄權，得調查被害人之住居所。如聲請人或被害人要求保密被害人之住居所，法院應以秘密方式訊問，將該筆錄及相關資料密封，並禁止閱讀。

第十二條　保護令事件之審理不公開。

法院得依職權調查證據，必要時得隔別訊問。

法院於審理終結前，得聽取直轄市、縣（市）

　　　　　主管機關或社會福利機構之意見。

　　　　　保護令事件不得進行調解或和解。

　　　　　法院不得以當事人間有其他案件偵查或訴訟繫屬為由，延緩核發保護令。

第十三條　法院受理通常保護令之聲請後，除有不合法之情形逕以裁定駁回者外；應即行審理程序。

　　　　　法院於審理終結後，認有家庭暴力之事實且有必要者，應依聲請或依職權核發包括下列一款或數款之通常保護令：

一、禁止相對人對於被害人或其特定家庭成員實施家庭暴力。

二、禁止相對人直接或間接對於被害人為騷擾、通訊、通信或其他非必要之聯絡行為。

三、命相對人遷出被害人之住居所，必要時並得禁止相對人就該不動產為處分行為或為其他假處分。

四、命相對人遠離下列場所特定距離：被害人之住居所、學校、工作場所或其他被害人或其特定家庭成員經常出入之特定場所。

五、定汽、機車及其他個人生活上、職業上或

　　教育上必需品之使用權，必要時並得命交
　　付之。
六、定暫時對未成年子女權利義務之行使或負
　　擔由當事人之一方或雙方共同任之、行使
　　或負擔之內容及方法，必要時並得命交付
　　子女。
七、定相對人對未成年子女會面交往之方式，
　　必要時得禁止會面交往。
八、命相對人給付被害人住所之租金或被害人
　　及其未成年子女之扶養費。
九、命相對人交付被害人或特定家庭成員之醫
　　療、輔導、庇護所或財物損害等費用。
十、命相對人完成加害人處遇計畫：戒癮治
　　療、精神治療、心理輔導或其他治療、輔
　　導。
十一、命相對人負擔相對之律師費。
十二、命其他保護被害人及其特定家庭成員之
　　　必要命令。
第十四條　通常保護令之有效期間為一年以下，自核發時
　　　　起生效。
　　　　通常保護令失效前，當事人及被害人得聲請法

家暴自療30
　　——偉偉的黑色日記

院撤銷、變更或延長之。延長之期間爲一年以下，並以一次爲限。

通常保護令所定之命令，於期間屆滿前經法院另爲裁判確定者，該命令失其效力。

第十五條　法院爲保護被害人，得不經審理程序或於審理終結前，依聲請核發暫時保護令。

法院核發暫時保護令時，得依聲請或依職權核發第十三條第二項第一款至第六款及第十二款之命令。

法院於受理第十一條第一項但書之暫時保護令聲請後，依警察人員到庭或電話陳述家庭暴力之事實，有正當理由足認被害人有受家庭暴力之急迫危險者，除有正當事由外，應於四小時內以書面核發暫時保護令，並得以電信傳眞或其他科技設備傳送暫時保護令予警察機關。

聲請人於聲請通常保護令前聲請暫時保護令，其經法院准許核發者，視爲已有通常保護令之聲請。

暫時保護令自核發時起生效，於法院審理終結核發通常保護令或駁回聲請時失其效力。

暫時保護令失效前，法院得依當事人及被害人

186

　　　　　　之聲請或依職權撤銷或變更之。

第十六條　命相對人遷出被害人住居所或遠離被害人之保
　　　　　護令，不因被害人同意相對人不遷出或不遠離
　　　　　而失其效力。

第十七條　保護令除第十五條第三項情形外，應於核發後
　　　　　二十四小時內發送當事人、被害人、警察機關
　　　　　及直轄市、縣（市）主管機關。
　　　　　直轄市、縣（市）主管機關應登錄各法院所核
　　　　　發之保護令，並隨時供法院、警察機關及其他
　　　　　政府機關查閱。

第十八條　法院應提供被害人或證人安全出庭之環境與措
　　　　　施。

第十九條　關於保護令之裁定，除有特別規定者外，得為
　　　　　抗告。
　　　　　保護令之程序，除本章別有規定外，準用非訟
　　　　　事件法有關規定。非訟事件未規定者，準用民
　　　　　事訴訟有關規定。

第二十條　保護令之執行，由警察機關為之。但關於金錢
　　　　　給付之保護令，得為執行名義，向法院聲請強
　　　　　制執行。
　　　　　警察機關應依保護令，保護被害人至被害人或

相對人之住居所，確保其安全占有住居所、
汽、機車或其他個人生活上、職業上或教育上
之必需品。

當事人或利害關係人對於警察機關執行保護令
之內容有異議時，得於保護令失效前，向原核
發保護令之法院聲明異議。

關於聲明異議之程序，準用強制執行法之規
定。

第二十一條　外國法院關於家庭暴力之保護令，聲請經中
華民國法院裁定承認後，得執行之。

當事人聲請法院承認之外國法院關於家庭暴
力之保護令，有民事訴訟法第四百零二條第
一款至第三款所列情形之一者，法院應駁回
其聲請。

外國法院關於家庭暴力之保護令，其核發地
國對於中華民國法院之保護令不予承認者，
法院得駁回其聲請。

第三章　刑事程序

第二十二條　警察人員發現家庭暴力罪或違反保護令罪之
現行犯時，應逕行逮捕之，並依刑事訴訟法

第九十二條規定處理。

雖非現行犯，但警察人員認其犯家庭暴力罪嫌疑重大，且有繼續侵害家庭成員生命、身體或自由之危險，而符合刑事訴訟法所定之逕行拘提要件者，應逕行拘提之。並即報請檢察官簽發拘票。如檢察官不簽發拘票時，應即將被拘提人釋放。

第二十三條　家庭暴力罪或違反保護令罪之被告經檢察官或法院訊問後，認無羈押之必要，而逕命具保、責付、限制住居或釋放者，得附下列一款或數款條件命被告遵守：

一、禁止實施家庭暴力行為。

二、命遷出被害人之住居所。

三、禁止對被害人為直接或間接之騷擾、接觸、通話或其他聯絡行為。

四、其他保護被害人安全之事項。

　　檢察官或法院得依當事人之聲請或依職權撤銷或變更依前項規定所附之條件。

第二十四條　被告違反檢察官或法院依前條第一項規定所附之條件者，檢察官或法院得命撤銷其原處分，另為適當之處分；如有繳納保證金者，

並得沒入其保證金。

前項情形，偵查中檢察官得聲請法院羈押之；審判中法院得命羈押之。

第二十五條　第二十三條、第二十四條第一項之規定，於羈押中之被告，經法院裁定停止羈押者，準用之。

停止羈押中之被告違反法院依前項規定所附之釋放條件者，法院於認有羈押必要時，得命再執行羈押。

第二十六條　檢察官或法院為第二十三條第一項及前條第一項之附條件處分或裁定時，應以書面為之，並送達於被告及被害人。

第二十七條　警察人員發現被告違反檢察官或法院依第二十三條第一項、第二十五條第一項規定所附之條件者，應即報告檢察官或法院。第二十二條之規定於本條情形準用之。

第二十八條　家庭暴力罪及違反保護令罪之告訴人得委任代理人到場。但檢察官或法院認為必要時，得命本人到場。

對智障被害人或十六歲以下被害人之訊問或詰問，得依聲或依職權在法庭外為之，或採

　　　　　取適當隔離措施。被害人於本項情形所爲之
　　　　　陳述，得爲證據。

第二十九條　對於家庭暴力罪或違反保護令罪案件所爲之
　　　　　起訴書、不起訴處分書、裁定書或判決書，
　　　　　應送達於被害人。

第三十條　家庭暴力罪或違反保護令罪而受緩刑之宣告
　　　　　者，在緩刑期內應付保護管束。

　　　　　法院爲前項緩刑宣告時，得命被告於緩刑保護
　　　　　管束期間內，遵守下列一款或數款事項：

　　　　　一、禁止實施家庭暴力行爲。

　　　　　二、命遷出被害人之住居所。

　　　　　三、禁止對被害人爲直接或間接之騷擾、接
　　　　　　　觸、通話或其他聯絡行爲。

　　　　　四、命接受加害人處遇計畫：戒癮治療、精神
　　　　　　　治療、心理輔導或其他治療、輔導。

　　　　　五、其他保護被害人或其特定家庭成員安全或
　　　　　　　更生保護之事項。

　　　　　法院爲第一項之緩刑宣告時，應即通知被害人
　　　　　及其住居所所在地之警察機關。

　　　　　受保護管束人違反第二項保護管束事項情節重
　　　　　大者，撤銷其緩刑之宣告。

家暴自療30
——偉偉的黑色日記

第三十一條　前條之規定，於受刑人經假釋出獄付保護管
　　　　　　束者，準用之。

第三十二條　檢察官或法院依第二十三條第一項、第二十
　　　　　　五條第一項、第三十條第二項或前條規定所
　　　　　　附之條件，得指揮司法警察執行之。

第三十三條　有關政府機關應訂定並執行家庭暴力罪或違
　　　　　　反保護令罪受刑人之處遇計畫。
　　　　　　前項計畫之訂定及執行之相關人員應接受家
　　　　　　庭暴力防治教育及訓練。

第三十四條　監獄長官應將家庭暴力罪或違反保護令罪受
　　　　　　刑人預定出獄之日期或脫逃之事實通知被害
　　　　　　人。但被害人之所在不明者，不在此限。